定義

齋藤孝

筑摩書房

定義

まえがき 「定義」とは「勇気ある知性」のあらわれである

定義するという行為は大変思い切りのいいものです。「何々は○○である」と言い切るのが定義ですが、「○○である」にはたくさんの言い方があります。「恋愛」一つとっても、モテてきた人とそうでない人では違う定義になるでしょう。

ものの見方や立場を変えれば、定義も変わります。「これをこう定義しよう」とするのは大変勇気がいります。「いや、そうじゃない」と言われることもあるわけですから、意志がなければ定義はこわくてできません。

しかし、そういうリスクを承知で、自分としては「これはこうだ」という定義を持たなければいけないと思います。私も教育者なので、「教育とはなんだ」「教室とはなんだ」「いい授業とはなんだ」という定義を持たなければ、専門家ではないと考えています。

野口体操を考案した野口三千三さんは、体操の定義について『原初生命体としての人間』という本で何種類にも定義しています。本質をつかんだ人は、いろいろな形で定義が

できてしまうのかもしれません。

定義は、数学的にいえば一つしかないはずですが、十人十色と言いますが、十人いれば十通りの定義があっていいはずです。その勇気を持って、自分なりの定義をするのです。そうすれば、次に進むことができます。

ちょうど『天才バカボン』のパパのように、です。バカボンのパパは常に「これでいいのだ」と言って次に進みます。次に進んでまた新しい定義に出会う。そしてまた「これでいいのだ」と言って、次に行く。そうやって人は成長していくのではないでしょうか。

自分なりの定義をしっかり持つことは、その人の今までの経験を生かした、言葉の到達点。言い換えれば、認識をそこまで到達させた証になります。ぜひ自分なりの定義ができるところまで、思考を到達させていただきたいと思います。

とはいえ、最初から身構える必要はありません。みなさんも、遊びで定義をつくってみても面白いと思います。そのさい、あまり抽象的な題材、たとえば「愛とは」とか「生きるとは」などを入れてしまうと、答えが漠然としてしまいますので、最初のうちはなるべく具体的なものからつくっていくのが、定義を考えるコツになります。

たとえば本とは何かという定義を考えてみましょう。「本とは先人の心の森をつくるもの」と言ってもいいですし、歌手のJUJUさんは、「本はどこでもドア」と言っています。自分なりの定義をしようとすれば、いろいろな形でアレンジが加えられます。

そこに自分流の本の見方ができるわけです。つまりは自分の世界観があらわれます。その世界観に人が共感してくれるかどうか、あるいは人の定義の世界観に自分が共感できるかどうか、という点も定義の面白いところでしょう。

また「定義力」という能力があるとすると、これは「勇気ある知性」と言いかえてもいいと思います。定義をするのは、勇気がいることですし、定義の内容はその人の認識の到達点をあらわしています。物事のある部分を切り取って「これはこうである」と提案するその勇気。勇気ある知性を磨いていただけると、生きていく上でも大変役に立ちます。

「あなたにとって何々とは？」と聞かれて、「何々です」とすぐ答えられるのは、かっこいいことではないでしょうか。

この本には、たくさんの定義を集めて並べました。これは人間の認識力の、言ってみれば〝到達点〟、きらびやかなダイヤモンド、宝石が並んでいるのと同じですから、みなさんは高級な宝飾店に入ったと思ってお読みください。

また同じ言葉に関しても、定義には多様性があるということをわかっていただきたいので、違う定義もそろえてみました。ものの立ち位置が違えば、見え方も変わってくるということを実感していただければと思います。

中には皮肉なものや、逆説的な定義もあります。ちょっと変わった角度からものを言うことによって、「ああ、そういうものの見方もあるな」という一面の真理を照らしだすこと

とがあるからです。これをパラドキシカル（逆説的）な視点と言います。全く逆のように見えて、真理をついているパラドキシカルな視点も養っていただければ幸いです。

普通の定義に関しては、辞書を引けば載っています。この本には普通とはちょっと違うものを集めていますので、これらの定義にふれることで、ものの見方が変わったり、ほかのものを定義したくなったり、思考が開けていくきっかけにしていただければいいな、と思います。

「本」の定義についてカフカは「斧である」と言っています（本文三〇三ページ）。この本も、自分の常識が打ち壊される斧、新しい世界を開くための斧、氷に閉じ込められた思い込みや先入観、無意識の世界を開いていく斧の役割を果たしてくれるとうれしいな、と感じています。

なお、本書の出版にあたっては、筑摩書房で『定義集』（絶版）という本がすでに出版されていましたので、その本も参考にさせていただきました。古今東西の人たちが、自分の経験や知識にもとづいて、私たちに「定義」という贈り物をしてくれています。その巨人の肩に乗って、私たちは遠くをながめることができます。〝知の巨人たち〟の定義も数多く取り上げていますので、この機会にぜひふれてほしいと思います。

目次

［社交］ 社交の秘訣は、真実を語らないということではない。真実を語ることによってさえも相手を怒らせないようにすることの技術である。

萩原朔太郎 68

［世間］ 世間というものが、一人ひとりの生きている人間のつながりである、ということを理解した。

佐野洋子 69

［世間］ 世間というのは、君じゃないか。

太宰治 70

［自由］ 自由というのは「いいたいことをいい、したいことをすることができる」ということ。

プラトン 71

［自由］ 自由と申すものは、天帝が人間に与えたもうた、最も高価な賜物の一つである。

セルバンテス 72

［自由］ 自由とは、法の許すかぎりのすべてのことをなす権利である。

モンテスキュー 73

［自由］ 人間は自由の刑に処せられていると表現したい。

サルトル 74

［天才］ 天才とは一パーセントのひらめきと、九九パーセントの努力である。

エジソン 75

［道化］ （道化は、）自分の、人間に対する最後の求愛でした。

太宰治 76

［アイデンティティ］ アイデンティティーというのは 最終的に（略）一つ持っていればいいんだ。言わば指紋だよ。

三島由紀夫 77

［呼吸］ 呼吸は命の言葉なのである。だから呼吸を変えれば、気分も変わる。

沖正弘 78

人生

81

［人生］
人生はクローズアップで観れば悲劇だが、ロングショットで観れば喜劇である。

チャップリン　89

［人生］
人生は道路のようなものだ。一番の近道は、たいてい一番悪い道だ。

フランシス・ベーコン　90

［人生］
人生は自転車に乗ることに似ています。バランスを保つためには、動き続けなくてはならないのです。

アインシュタイン　91

［人生］
人生は芝居で、この世はリハーサルなしだ。

メル・ブルックス　92

［人生］
人生とは、何かを計画している時起きてしまう別の出来事のこと。

シリア・ハンター　93

［世の中］
世（の）中は　地獄の上の　花見哉

小林一茶　94

［世の中］
おまえと世の中との闘争では、世の中の側に立て。

カフカ　95

［生きる］
生きるとは行動することである。ただ呼吸することではない。

平塚らいてう　96

［生きる］
生きるということは精神の奇妙な部屋のなかに入ることである。

マルティン・ブーバー　97

［若さ］
わたしの若さの源泉は、想像力です。みなさんも想像力を枯らさないでください！

ターシャ・テューダー　98

［死］
私が存在する時には、死は存在せず、死が存在する時には、私はもはや存在しない。

エピクロス　99

［死］　賢人ほど平静な心で、愚かな人間ほど落ち着かぬ心で死んでいく。

キケロ　100

［死］　われ未だ生を知らず、焉んぞ死を知らんや。

孔子　101

［死］　死は一種の救いかもしれないわ。

マリリン・モンロー　102

［死］　死は、私たちの賢い仲のよい兄弟であって、潮時を心得ているのだから、安心してそれを待っていればよいのだ。

ヘッセ　103

［死］　今日死を決するの安心は四時の順環に於て得る所あり。（略）十歳にして死する者は十歳中自ら四時あり。（略）三十は自ら三十の四時あり。

吉田松陰　104

［金］　金は良い召使でもあるが、悪い主人でもある。

ベンジャミン・フランクリン　105

［金］　お金は、人間の抽象的な幸福です。だから、もはや、具体的に幸福を楽しむ能力のなくなった人は、その心を全部、お金にかけるのです。

ショーペンハウアー　106

［収入］　収入は靴のようなものである。小さすぎればわれわれを締めつけ、わずらわす。大きすぎればつまずきや踏み外しの原因となるのだ。

ジョン・ロック　107

［贅沢］　ほんとうの贅沢というものは、たったひとつしかない。それは、人間関係に恵まれることだ。

サン＝テグジュペリ　108

［貧乏］　貧乏は、自然の目的（快）によって測れば、大きな富である。これに反し、限界のない富は、大きな貧乏である。

エピクロス　109

［貧乏］　貧乏とはするもんじゃありません。味わうものですな。

古今亭志ん生　110

[失敗]　人の世に失敗ちゅうことはありゃせんぞ。

坂本竜馬　111

[勝者]　勝者とは、納得がいくまで戦い続ける人のこと。

ビリー・ジーン・キング　112

[勝負]　勝ちに不思議な勝ちあり、負けに不思議な負けなし。

松浦静山　113

[運]　運・不運はナイフのようなものだ。
その刃をにぎるか柄をにぎるかで、われわれを傷つけたり、役にたったりする。

ローウェル　114

[運命]　運命はどこかよそからやってくるものではなく、自分の心の中で成長するものである。

ヘッセ　115

[不可能]　不可能とは、自分の力で世界を切り開くことを放棄した、臆病者の言葉だ。

モハメド・アリ　116

[習慣]　習慣は人間の守護神である。

ヘラクレイトス　117

[習慣]　習慣という怪物は、悪い行いに対する感覚を食べつくしてしまうが、反面、天使でもある。
善い行いに美しい服を着せて、しっくりと体になじませてくれるのだ。

シェイクスピア　118

[習慣]　考えは言葉となり、言葉は行動となり、
行動は習慣となり、人格は運命となる。

作者不詳　119

[睡眠]　習慣は人格となり、
——そうすると睡眠はこの借金に対して日ごとに支払われる利子だということになる。

ショーペンハウアー　120

我々の人生というものは死から融通してきた借金のようなものだとも考えられよう、

[遍歴の騎士]　遍歴の騎士という者には、いかなる負傷も、たとえその傷口から内臓がはみ出したところで、
一切それについて泣き言を言うことは許されていないのだ。

セルバンテス　121

時間と歴史

123

自然と神

❧

151

芸術と思想

169

【映画】

映画は海である。映画は風である。

淀川長治

177

【劇】

劇においては、（略）現在のうちにすべてがある。（略）現在だけしかあってはならぬ。それが現在としての溌剌さを失うと、とたんに時間の流れが切断される。

福田恆存（つねあり）

178

【建築】

建築は凝固した音楽である。

シェリング

179

【建築】

建築とは、ある時代に生まれた情感を、ある物質的形態の中に定着する精神体系である。

ル・コルビュジエ

180

【音楽】

われわれが行なうあらゆることは音楽である。

ジョン・ケージ

181

【ジャズ】

ジャズとは、自分が何者であるか、でしかない。

ルイ・アームストロング

182

【目的】

最高の目的は全く目的を持たないということである。

ジョン・ケージ

183

【美】

美とはものの形をまとった快楽である。

サンタヤーナ

184

【美】

物と物とのあいだにできる影にこそ、美がある。

谷崎潤一郎

185

【美】

美とは、偶然と善の織りなす調和である。

シモーヌ・ヴェイユ

186

【美】

美しさは、あなたが自分自身になることを決めた瞬間に生まれます。

ココ・シャネル

187

愛と憎しみ

203

[マルクス主義]
私はマルクス主義者ではない。

マルクス

199

[民主主義]
民主主義とは、人民の人民による人民のための脅しにすぎない。

オスカー・ワイルド

200

[プラグマティズム]
プラグマティックな方法というものは、(略)結実、帰結、事実に向おうとする態度なのである。

ウィリアム・ジェームズ

201

[スタイル]
スタイルとは、一貫した変形作用である。

メルロ＝ポンティ

202

[愛]
愛は幻想の子であり、幻滅の親である。

ミゲル・デ・ウナムーノ

204

[愛]
一人の人間を愛するとは、その人間と一緒に年老いるのを受け入れることにほかならない。

アルベール・カミュ

205

[愛]
愛は、地中にあって変わらない巌のようなものである。

エミリー・ブロンテ

206

[愛]
愛は寛容であり、愛は情け深い。(略)愛はいつまでも絶えることがない。

『新約聖書』

207

[愛]
愛するということは、不運である。おとぎ話の人々のように、魔法が解けるまではそれに対してどうすることもできないのだ。

プルースト

208

善と悪

❖

223

幸福と不幸

235

[善]
上善は水のごとし。水は善く万物を利してしかも争わず。

老子

230

[善行]
善行は、お返しができると思われる限りは、快く受け取られる。
その限度を越えると、感謝の代わりに憎悪が返ってくる。

モンテーニュ

231

[恐怖]
恐怖とは不完全な知識である。

アガサ・クリスティ

232

[過ち]
子曰わく、過ちて改めざる、是を過ちと謂う。

孔子

233

[罪]
人間にとって最大の罪は、不機嫌であること。

ゲーテ

234

[幸福]
幸福は幸福の中にあるのではなく、それを手に入れる過程の中だけにある。

ドストエフスキー

236

[幸福]
幸福は香水のごときものである。人に振りかけると、自分にも必ずかかる。

ラルフ・ワルド・エマーソン

237

[幸福]
「幸福とは、健康と物忘れの早さである」ですって!
わたしが思いつきたかったくらいだわ。だって、それは真実だもの。

オードリー・ヘプバーン

238

[幸せ]
人間三百六十五日、何の心配も無い日が、一日、いや半日あったら、
それは仕合せな人間です。

太宰治

239

理性と感情

245

【幸せ】 どうして俺は、今までこの高い空を見なかったのか？今やっとこれに気がついたのは、じつになんという幸せなことだろう。

トルストイ

【幸せ】 一番幸せなのは、幸福なんて特別必要でないと悟ることだ。

サローヤン

【不幸】 すべての幸福な家庭はお互いに似ているが、不幸な家庭はそれぞれの流儀で不幸である。

トルストイ

【希望】 希望は、底のふかい海のうえでなければけっしてその翼をひろげない。

ラルフ・ワルド・エマーソン

【希望】 希望は、（略）地上の道のように、初めから道があるのではないが、歩く人が多くなると初めて道が出来る。

魯迅

【理性】 理性的なものはすべて現実的であり、現実的であるものはすべて理性的である。

ヘーゲル

【うぬぼれ】 うぬぼれの心は人間の内部に深く根ざしていて、自分を賞賛してくれる人々を得ようとするのだ。

パスカル

【うぬぼれ】 己惚れとは、一つのたのしい幻想、生きるための幻想なのですから、実質なんぞ何も要りません。

三島由紀夫

【心】 こころにいつわりなし。はた又こころはうごくものにあらず。うごくものは情なり。

樋口一葉

［涙］
（なみだとは）人間が自分でつくる、世界でいちばん小さい海のことだよ。

寺山修司

261

［笑い］
それはきれいなばらいろで、けしつぶよりかちいさくて、こぼれて土に落ちたとき、ぱっと花火がはじけるように、おおきな花がひらくのよ。

金子みすゞ

262

［笑い］
生物のなかで人間だけが笑う。人間のなかでも、賢い者ほどよく笑う。

『ユダヤ格言集』

263

［笑い］
笑いは、敵味方の差別を取り除く。

ジョン・ミルトン

264

［笑い］
人の顔を美しくする最高の美容術は、笑いである。

斎藤茂太

265

［笑い］
もっとはっきり言いましょう、笑いは必要なものです。

ミシュレ

266

［微笑］
日本人の微笑は、念入りに仕上げられ、長年育まれてきた作法なのである。

ラフカディオ・ハーン

267

［礼］
礼とは外の飾りでもって内心を相手に悟らせる手段である。

韓非子

268

［偏見］
偏見はドアから追い出しても、窓から戻ってくる。

フリードリヒ大王

269

［常識］
常識とは一八歳までに身に付けた偏見のコレクションのことを言う。

アインシュタイン

270

［偶然］
偶然は幼子である。

ニーチェ

271

勉強と教育

❖ 275

［正義］正義とは、強者の利益にほかならない。

プラトン　272

［忠告］必要であればあるほど拒まれるものがある。それは忠告だ。
それを余計に必要とする人、すなわち無知な人からいやがられる。

レオナルド・ダ・ヴィンチ　273

［勉強］当時緒方の学生は、十中の七、八、目的なしに苦学した者であるが
その目的のなかったのがかえって幸せで、江戸の学生よりもよく勉強ができたのであろう。

福沢諭吉　276

［勉強］勉強することは、変身の恐ろしさのまっただ中にダイブすることだ。

千葉雅也　277

［教育］教育は、最も高価な投資である。

ドラッカー　278

［教育］教育とは、学校で習ったことをすべて忘れた後に、残っているものである。

アインシュタイン　279

［学校］学校とは小さな社会である。

ジョン・デューイ　280

［学者］学者とは、様々な書物を読んだ人のことなのです。

ショーペンハウアー　281

［教養］教養なんて大人のおもちゃなんだから、あれば遊びが増えるだけの話。

タモリ　282

【教養】
教養の無いところに幸福無し。教養とは、まづ、ハニカミを知る事也。

太宰治
283

【医学】
医は仁術なり。仁愛の心を本とし、人を救うを以て志とすべし。

貝原益軒
284

【経験】
経験はそれだけでは経験にならない。他のもう一つの経験によって乗りこえられた時、初めて一つの経験になる。

ゲーテ
285

【遊び】
遊びをせんとや生まれけむ。

『梁塵秘抄』
286

【遊び】
すべての遊びは、まず第一に、自由な行動である。

ホイジンガ
287

【子ども】
子どもというものは、元気なようでいて、案外もろくて弱いものです。疲れやすいのです。

大村はま
288

【友人】
正しい友人というものは、あなたが間違っている時に味方してくれる者のこと。正しい時には誰だって味方をしてくれるのだから。

マーク・トウェイン
289

【友】
友のよろこびを自分のよろこびにすることができる人こそ、ほんとうの友なのであろう。

神谷美恵子
290

【創作】
人が寂寥を感じた時、創作がうまれる。空漠を感じては創作はうまれない。愛するものがもう何もないからだ。／所詮、創作は愛にもとづく。

魯迅
291

【才能】
根本的な才能とは、自分に何かができると信じることだ。

ジョン・レノン
292

【才能】
人間が授かった大いなる才能、それは共感する力です。

メリル・ストリープ
293

日常と生活

309

〔相談〕（相談とは）すでに自分で取ろうと決意した行動に対して、改めて他人の賛意を得ようとすることである。

ビアス

〔民俗学〕うずもれて一生終わるであろう人に関する知識を残すのが民俗学。

柳田國男

〔哲学〕哲学の問題の解決は、メルヘンに登場するプレゼントのようなものである。

ウィトゲンシュタイン

〔構え〕構えとは、起こり得るすべての状況に対応できる準備である。

ブルース・リー

〔客〕客は雨のようなものだ。ときどきやってくるのはいいが、来続けるのは困る。

『ユダヤ格言集』

〔化粧〕（化粧には）虚構によって現実を乗り切ろうとするエネルギーが感じられます。そしてまた化粧はゲームでもあります。

寺山修司

〔下駄〕下駄は履物というよりも、携帯用の廊下である。鼻緒の一点で、廊下を足にぶら下げて歩く。

赤瀬川原平

〔酒〕酒ハ酔ウタメノモノデス。ホカニ功徳ハアリマセヌ。

太宰治

〔バッカス〕（バッカスとは）古代の人びとが、酒に酔っぱらう口実として、便宜上、作り出した神さま。

ビアス

[ドラえもん]

ドラえもんは哀しいかな現実にはいないが、
実際には、様々な人が助けてくれたり、そういう状況があったりする。
だから、ある意味、ドラえもんはどこにでもいる。そういっていいと思う。

藤子・F・不二雄

人間

人間というものは慣れる存在である。そして私はこれが人間を最も適切に定義していると思う。

ドストエフスキー（『死の家の記録』）

人間はどんな存在にも慣れてしまう。環境に慣れてしまうと、どうにでも変わってしまうとドストエフスキーは言っています。彼は二八歳の時、とらえられて監獄で四年間をすごします。この時の経験を書いたのが『死の家の記録』と言われています。監獄の非人間的な環境や習慣にも慣れてしまうのが人間です。適応力があるといえば聞こえはいいのですが、どんなに悪いものにも慣れてしまうとしたら、おそろしい存在です。

ドストエフスキーをモデルにしたと思われるこの物語の主人公は、貴族出身ゆえ、他の囚人たちから憎まれます。しかし厳しい生活の中でも環境に流されず、自らの信念を貫きます。日本にも「朱に交われば赤くなる」ということわざがあります。朱に交わらず、悪い習慣に染まらないとしたら、ドストエフスキーはなかなかすごい人です。

(豆知識) フョードル・ドストエフスキー（1821〜81）は19世紀のロシアを代表する作家の一人です。社会主義と関係したことで投獄され、死刑直前で恩赦された経験が生涯に大きく影響しています。『罪と罰』『白痴』『カラマーゾフの兄弟』など人間の内面の矛盾や心理の奥底をつく重厚な文学作品を残しています。

［人間］

人間は自分が食べたもの
そのものである。

フォイエルバッハ
（『犠牲の秘密、または人間は彼が食べるところのものである』）

人間の定義はいろいろありますが、ドイツの哲学者フォイエルバッハによると、自分が摂取した物質からできている、ということになります。確かに食べたものそのものだと言われると、そんな気がしてきます。食べ物以外は、酸素を吸っているだけですから、この体は食べ物そのものでできているのは間違いありません。ドーピングを検査している人たちに言わせると、どんな物質を摂取しても、すぐ身体に出てくるそうです。私も脂っこいものを食べた翌日は胃がもたれます。そういう積み重ねで体ができていくのでしょう。

一〇〇年二〇〇年と体にいいと言われてきたものは、やはり健康にいいようです。江戸時代に食べていたようなものから、塩を若干少なくして、タンパク質を加えると、ほぼ完璧な健康食になるそうです。一度試してみてはいかがでしょうか。

(豆知識) ルードウィッヒ・フォイエルバッハ（1804〜72）はドイツの哲学者です。ヘーゲル哲学をへて、現世的な幸福を追求する唯物的な立場を確立。キリスト教的価値観を否定します。マルクスやエンゲルスに大きな影響を与えましたが、自身は政治運動や革命に直接参加することはありませんでした。

人間は社会的諸関係の総体である。

マルクス（「フォイエルバッハに関するテーゼ」）

人間とは何かを考える時、社会的諸関係の総体だと言われると、けっこう納得できます。

たとえば、親との関係では子どもであり、子どもに対しては親なわけです。会社に行けば、そこの会社員。病院に行けば、その病院の患者だし、趣味のグループに参加すれば、サークルの一員ということになるでしょう。そういう社会的な関係を束にしたものが自分なのだということです。

マインドコントロールの怖さは、その社会的諸関係を全部断ち切り、教祖的な存在との関係だけでアイデンティティを与えるところです。諸関係を切られたら、誰でも不安になります。そこで、取り込まれた組織内で自分を証明しようとする。そうやって、マインドコントロールにかかってしまうのです。ですから、人間を単に個の存在として見るのではなく、社会の中のいろいろな関係性でとらえるというマルクスの考え方には共感できます。

豆知識 カール・マルクス（1818〜83）はドイツの経済学者、思想家。「フォイエルバッハに関するテーゼ」は、マルクスが26歳の時、ノートに書きつけたメモです。朋友フリードリヒ・エンゲルス（1820〜95）はマルクスのメモをヒントに『フォイエルバッハ論』を書きあげます。11のテーゼがあり、ここにあげた言葉は第6テーゼで語られたものです。

［人間］

人間は、ただ神の遊びの具（玩具）になるように、というので創られたのです。

プラトン（『法律』）

ギリシャの哲学者プラトンが言うように、人間がたんなる神の遊び道具にすぎない、と考えると、少し気が楽になります。すべて自分でコントロールしなければならないとしたら、本当に気が重くて大変です。でもすべて神が遊びでやっているとしたら、人間はなす術がないので、かえって気楽でいられます。

「神」という言葉に抵抗があれば「運命」でもかまいません。人間は運命に翻弄される存在なのだから、「これは自分のせいではないのだ」と少し気楽になった方がいいでしょう。

神の玩具で思い出されますが、アスリートたちが極限までがんばってものすごい技を見せてくれる時、私たちを喜ばせるために神が創った存在のように感じます。たとえばフィギュアスケートの羽生結弦選手は当時（二〇二一年）誰もなしえなかった四回転半アクセルに挑戦しました。まるで私たちを楽しませるために神からつかわされた存在のようです。

豆知識 プラトン（紀元前427〜紀元前347）は古代ギリシャの哲学者でソクラテスの弟子にして、アリストテレスの師。『法律』は、最晩年の著作で最大の長篇。ゼウスの社への参詣の道すがら、「アテナイからの客人」ら3人が国制と法律について論じる対話形式で、「現実にあるべき国家」の具体的な法律・制度全般について自由で大胆な提案を行っています。

人間は万物の尺度である。

プロタゴラス（プラトン『テアイテトス』）

「人間は万物の尺度である」は、古代ギリシャの哲学者プロタゴラスが言った有名な言葉です。人間が一人一人考えることが、結局は基準になってしまうので、世の中に絶対的な真理は存在しないという意味です。たとえば、ものの大小の基準にしてみても、人間を尺度にして大きい、小さいと言っているだけで、微生物を基準にすると大小は全く違ってきます。神を想像する時も、どうしても人間の形を基準に考えてしまいます。

いくら想像力をたくましくしても、宇宙人の姿は人間を基準にしたものから逃れられない。ということは、人間が「真理」と言っているものすら、人間の尺度で言っているにすぎないということです。もし人間が微小な生物や巨大な生物であったら、すべての尺度が違ってしまいます。私たちの真理とはその程度のものなのです。

(豆知識) プロタゴラス（紀元前490ごろ〜紀元前420ごろ）は古代ギリシャの哲学者。絶対的真理はないとする相対主義の立場をとっています。『テアイテトス』はプラトンが書いたソクラテスとテアイテトスの対話集です。その中にプロタゴラスのこの考え方が登場します。

［人間］

人間というものは、
空想と実際との食い違いの中に
気息奄々（えんえん）として暮すところの
儚（はか）ない生物にすぎないものだ。

坂口安吾（「FARCE に就（つい）て」）

　人間は空想する生物であるというのが坂口安吾の定義です。安吾によると人間は人生五〇年として、そのうち五年分くらいは空想に費やしているのではないか、ということです。確かに授業や講演を聞いている時も、けっこうな時間、白昼夢に陥ることがあります。一生懸命聞いているつもりでも、いつのまにか違うことを考えていることもよくあります。

　その空想と現実の違いに「気息奄々として（息もたえだえに）」、ため息をつきながら、暮らす儚い生き物が人間、というわけです。

　たとえば自分はアイドルになりたかった。しかしなれなかった、という現実があって、自分が果たせなかった夢に「ふうっ」とため息を吐きながらも、果たせなかった世界に住んでいる人を「推し」や「追っかけ」という形で偶像化して昇華する人もいます。それはそれで、儚さを埋める幸せな生き方なのかな、と私は思います。

（豆知識）坂口安吾（1906〜55）は無頼派の小説家。ファルス（笑劇、道化芝居）的な小説『風博士』でデビューし、注目されました。「FARCEに就て」（『ちくま日本文学全集』9・ちくま文庫所収）は安吾の代表的なエッセイの一つ。笑いの芸術を低く見る風潮に一矢むくいる目的で書かれていて、「ファルスとは、人間の全てを一つ残さず肯定するもの」としています。

人間は、その本性において
ポリス的（政治的、社会的）動物である。

アリストテレス（『政治学』）

ポリスというのは都市国家という意味です。都市国家の中には政治もありますし、集団的な社会生活もあります。文化や伝統、習慣も受け継がれているでしょう。その中で私たちは育っているので、言葉はもちろん、考えていることや行動もみなその社会に影響されています。

そもそも人間とは一人で人間になることも、人間でいることもできません。人間の社会で育たないと、人間になりません。その社会の中で生活していくしかないので、本質的に社会的な動物と言えます。他の人からの評価を気にするのも、無理ないことです。さらにアリストテレスのいうポリスは最高善をめざす共同体のことですから、人間も本質的に最高善をめざす存在であるのは間違いありません。そう考えると希望が持てますね。

（豆知識）アリストテレス（紀元前384〜紀元前322）は古代ギリシャの哲学者でプラトンの弟子です。プラトンの学園で学び、のちに自分の学園をつくりました。人間の行動は善をめざしており、最高善にいたると幸福になるという考え方をとっています。『政治学』は国家の定義や理想国家について論じています。

［人間］

人間とは取引をする
動物なり。

アダム・スミス（『国富論』）

イギリスの哲学者であり、経済学者のアダム・スミスは「○○とは△△する動物」という動物に関する定義をいくつか残しています。

人間は取引する動物、という定義はなるほどな、と思います。確かに人間以外の動物は取引しません。犬が「おまえがもっている骨と俺がもっている骨を交換しよう」などと取引しているところを見たことがありません。人間の取引はそれぞれの需要があって、いるものといらないものがうまくかみ合えば、成立します。

経済はそこから発達しました。人間が取引をする動物だったがゆえに、経済もここまで発達したわけです。取引で大切なのは、利益とオプション、BATNA（交渉が決裂した時の代替案）です。お互いの利益になることを見つけて、かつ、選択肢（オプション）をつける。そして万一取引がうまくいかなった時も、次善策のバトナを用意しておく。これが取引を成功させるコツです。

(豆知識) アダム・スミス（1723〜90）はイギリスの経済学者、倫理学者。それまで金銀財宝が富だと考えられていましたが、労働こそが富の源泉であり、生産力をあげることが国を豊かにすると説きました。アダム・スミスが書いた『国富論』は近代経済学の出発点と言われています。

［人間］

人間は、動物と超人とのあいだに
かけ渡された一本の綱である、
── 一つの深淵の上にかかる
一本の綱である。

ニーチェ（『ツァラトゥストラはこう言った』）

　動物と、人間を超える超人がいるとすると、その間に張りわたされた綱が人間であるとドイツの哲学者ニーチェは定義しています。その綱は「渡るのも危険であり、途中にあるのも危険であり、ふりかえるのも危険であり、身震いして足をとめるのも危険である」と言います。要するに、綱の上で震えて止まったり、ふり返ったり、戻ろうとすると深淵に落ちてしまうのです。綱を渡って超人になれ、人間を超えていけ、と言っているわけです。

　人間はちっぽけな存在ですが、超人をめざそうとして一本の綱を渡っていく。それが人間のいいところであり、人間たるゆえんだということです。人生は何度くり返しても無意味なものだ。しかしどんなに無意味であっても、「もう一度」と人生を受け入れる。それが超人であり、そうした超人をめざして生きなければいけない。つまり自らを超えて生きるのだ、と言っているのです。

（豆知識）フリードリヒ・ニーチェ（1844〜1900）はドイツの哲学者です。『ツァラトゥストラはこう言った』では、主人公のツァラトゥストラが「神は死んだ」と宣言します。そして神なき世界にあらわれる超人の出現を期待しています。ニーチェは様々な著作を通して、絶対的な神の存在を否定したニヒリズムの思想を世の中に広めました。

［人間］

人間は、自分でルールをつくって
自分でたのしんでいる動物である。

田辺聖子（『舞え舞え蝸牛──新・落窪物語』）

ルールをつくる、という点に人間の本質があると、作家の田辺聖子さんは見抜いています。ルールは制限ということです。無制限なら自由で面白いかと言われると、決してそうではありません。バスケットはボールを持ったら三歩までしか歩けません。ラグビーは、前に投げてはいけない。サッカーでは、オフサイドという多少ややこしいルールで、安直な待ちぶせ作戦を禁止する。そういう制限があるから面白くなるのです。考えてみれば、俳句は制限の最たるものです。五・七・五の一七音の中に季語も入れて句をつくらなくてはいけません。こんなきついルールの中でよく楽しんでできるものだと思われるかもしれませんが、厳しい制約があるから面白いのです。

田辺さんは関西弁を用いたユーモアあふれる小説やエッセイをたくさん発表しています。「楽しむ」ということに注目した作家だからこそ、人間の本質も見抜いたのでしょう。

(豆知識) 田辺聖子（1928〜2019）は作家、エッセイスト。大阪で写真館を経営している家に生まれました。小さいころから本好きで、とくに日本の古典文学に親しみました。『舞え舞え蝸牛──新・落窪物語』（文春文庫）は平安文学の『落窪物語』を土台にしています。継母にいじめられる落窪姫が幸せをつかむ"和製シンデレラ物語"がつづられています。

［人間］

ホモ・ルーデンス（遊ぶ人）

ホイジンガ（『ホモ・ルーデンス』）

オランダの歴史学者ホイジンガは、人間を「遊ぶ人」と定義し、『ホモ・ルーデンス』という本を出しました。「ホモ・ルーデンス」はラテン語で「遊ぶ人」という意味ですから、本の題名が定義になっています。人間の定義に関しては、フランスの哲学者ベルクソンが、道具をつくる人という意味で「ホモ・ファーベル」（つくる人）、スウェーデンの生物学者C・リンネが「ホモ・サピエンス」（賢い人）と名付けています。また言葉を持つ人という意味で「ホモ・ロクエンス」、政治を行うので「ホモ・ポリティクス」、経済活動をするので「ホモ・エコノミクス」という言い方もあります。　私自身はホイジンガの「遊ぶ人」が想像力をかきたててくれるので、とても面白いと思います。彼は「文化は遊びの中で始まったのだ」とも言っています。だとすれば、「文化とは遊びである」という定義もできそうです。

(豆知識) ヨハン・ホイジンガ（1872～1945）はオランダの歴史学者。古代インドの文化を研究していましたが、のちに歴史研究に転じました。『ホモ・ルーデンス』は人間の本質が遊ぶことにあり、あらゆる文化は遊びの中から発展した、としています。

［人間］

人間は屍を持ち運んでいる
小さな魂である。

エピクテトス（『断片』）

「肉体は生きて動いているが、それを動かしているのは魂である」という考え方です。肉体は死ぬが、魂は死なないという考え方があります。古代ギリシャのソクラテスもそのような考えをしており、古代エジプトのファラオたちもそう考えていました。「たとえ死んでも、肉体をミイラとして保存しておけば、魂がまた戻ってきた時にスッと入れる。魂が体を動かすのだ」と考えていたわけです。

二一世紀の今は、人間の肉体と心は密接につながっていて切り離せない、という考え方が中心になっています。しかし、やはり魂は独立してあるような気もします。魂こそが人間の本当に生きている部分であり、たとえ肉体のどこかが失われても、魂があれば強く生きていける気がします。パラリンピックを見ると、肉体のどこかが失われ、どこか機能が失われても、魂あるがゆえあのように素晴らしいパフォーマンスができるのだと感じます。

（豆知識）エピクテトス（50ごろ〜135ごろ）はローマ帝国に生きた、奴隷出身のストア派の哲学者です。「君は私の足を縛るだろう。だが、私の意志はゼウスにだって支配することはできない」という言葉が有名です。生涯を通して精神の自由を求め、何ものにも動じない強い生き方をつらぬいた哲学者です。

にんげんは、中途半端な死体として生まれてきて、一生かかって完全な死体になるんだ。

寺山修司（映画『さらば箱舟』）

ポイントは「一生かかって完全な死体になる」というところです。生まれた時から、死に向かって生きているという見方です。生まれた時点で、すでにカウントダウンが始まっているのです。死に向かって刻一刻と秒が刻まれる。寺山修司に言わせると、人生とは完全な死体になるためのプロセスです。三島由紀夫の戯曲『黒蜥蜴』にも似たような考え方が散見できます。主人公の黒蜥蜴という女盗賊は美しい人間をはく製にして私設美術館に展示しており、生き人形として愛でています。死体を完全なものとしてとらえるところが、ちょっと似ていますね。

人間は一生かけて完全な死体になるのだと考えると、死とはそれほど嫌なものではないと思えてきます。この考え方にもとづけば、死ぬ時に「これでようやく完全な死体になれるのだ」と、達成感が感じられるのでしょうか。ちょっと面白い考え方かなと思います。

豆知識 寺山修司（1935〜83）は青森県生まれの歌人・劇作家。前衛演劇グループ「天井桟敷」を主宰するほか、多方面で活動し、たくさんの文芸作品を残しています。この言葉の出典である『さらば箱舟』は、寺山修司が岸田理生と共同脚本と監督を手がけた映画で、1984年に公開されました。

［人間］

人間は、自然のうちで最も弱い
一本の葦にすぎない。
しかしそれは考える葦である。

パスカル（『パンセ』）

一七世紀、フランスに生まれたパスカルは、数学や物理学をはじめ、多岐にわたる分野で天才と言われた哲学者です。三九歳で亡くなった後に、彼の遺稿をまとめて出版されたのが『パンセ』。これは、その中で最も有名な言葉です。葦とは水辺に生える植物のことです。人間はか弱い葦のような存在で、肉体的には押しつぶされそうなちっぽけなものですが、考えることができる、とパスカルは言っています。

また、パスカルは人間が宇宙よりも大きいかもしれないと言っています。なぜなら人間は宇宙のことが考えられるからです。宇宙には意識がない。宇宙は人間のことが考えられない。しかし、人間は宇宙のことを考える。そういう意味では、肉体的にはか弱くても、考えることにおいては無限の力を持っています。

（豆知識）ブレーズ・パスカル（1623〜62）はフランスの哲学者、物理学者、思想家、数学者。幼い頃からその天才ぶりを発揮し、数学や自然哲学などの分野でも多くの業績を上げています。なお「考える葦」という言葉は聖書の「傷ついた葦」に由来していると言われています。

［女性］

女性は総合芸術である。

美輪明宏

演劇の舞台は美術や照明、音楽、衣装など様々なものが整って初めて成立する芸術です。女性もまた同じ、というのが歌手の美輪明宏さんの言葉です。たとえ顔かたちが素晴らしくても、物腰が粗野なら品がないように見えますし、言葉遣いや考え方がかたよっていても、おやっと首を傾げてしまいます。すべてが整った総合芸術になってこそ、理想の女性になれるということです。

私は歌舞伎俳優の坂東玉三郎さんとトークショーをやらせていただいたことがあります。玉三郎さんは常に物腰が柔らかいのですが、自分の意見をきちんと主張されます。歌舞伎座で『娘道成寺』を拝見した時も、どんな速い動きをしても、裾まで美しく見えました。その瞬間、瞬間があまりに美しく、総合芸術そのものです。私は心の中でカメラの連写のシャッターを押し続けていました。それが、玉三郎さんが求めた女性の美なのでしょう。

豆知識 美輪明宏（1935〜）は、長崎市生まれ。日本のシンガーソングライターの草分け的存在。10歳のときに長崎で被爆しています。15歳で上京。17歳でシャンソン歌手となります。作家の三島由紀夫が「天上界の美」と絶賛したというほどの美貌で、歌に芝居に著作に人生相談とマルチな活躍を続けています。

［女性］

元始、女性は実に太陽であった。

平塚らいてう（『青踏』一巻一号）

「元始、女性は実に太陽であった」は女性活動家の平塚らいてうが発行した『青踏』という雑誌の創刊号の冒頭に記された言葉です。

確かに大昔、女性は太陽のような存在でした。八百万の神のトップに君臨する天照大御神は女神です。神話では、弟の須佐之男命が乱暴を働いたので、天岩戸という洞窟に隠れてしまうのですが、すると、世界が真っ暗闇になってしまいます。女性が太陽そのものだったことはこの神話からもわかります。

ところがいつのまにか日本は男性中心の社会になってしまいました。女性初の医師として有名な荻野吟子さんも、「オギン、オギン」と犬のように呼ばれるのがいやで、「吟子」と名前を変えたそうです。

男女平等が叫ばれて久しい現代になっても、日本では女性の国会議員や社長の数が極端に少ないと、欧米からも指摘されています。もう少し男女のバランスが取れた世の中になってほしいものです。

（豆知識）平塚らいてう（1886〜1971）は日本の思想家、女性活動家です。高級官僚の裕福な家庭に育ち、大学まで進学する高等教育を受けました。22歳のとき、夏目漱石の弟子の森田草平と心中未遂を起こすなど、奔放な行動でも知られています。25歳のとき女性のための雑誌『青踏』を発行。女性の権利拡大や平和運動に尽力しました。

［女］

人は女に生まれない。女になるのだ。

ボーヴォワール（『第二の性』）

ボーヴォワールはフランスの哲学者であり、フェミニストです。「人は女に生まれない。女になるのだ」という有名な言葉から始まる『第二の性』は女性の性について歴史的、社会的、文化的に考察した本です。「女性は男性より劣った第二の性として存在させられている」という主張はセンセーショナルな議論を巻き起こしました。

「文明の全体が雄と去勢体との中間産物をつくりあげ、それに女性という名をつけているだけのことである」とボーヴォワールは言います。いわゆる女らしさは男性中心の社会によってつくられたものにすぎない、と主張しているわけです。女性が自分の運命を自分で主体的に選択していくにはどうしたらいいのかを説き、フェミニズムに大きな影響を与えました。

(豆知識) シモーヌ・ド・ボーヴォワール（1908〜86）はパリの大学在学中に哲学者であるジャン゠ポール・サルトルと知り合いました。法的な結婚に縛られず、子どもも持たない生き方を選択。サルトルとは生涯伴侶としての生活を続けました。二人の関係は「契約結婚」ともいわれ、社会に新しい関係のあり方を提示しました。

［人格］

人格とは高きものと全く低いものとが
一つになったものである。
……人格の高さとは、
この矛盾を持ちこたえることである。

ヘーゲル（『法の哲学』）

人間の中にはいいものと悪いものがありま
す。この矛盾を持ちこたえることが人格の高
さである、とドイツの哲学者ヘーゲルは述べ
ています。ヘーゲルは「正反合」あるいは
「弁証法」という考え方を提唱した人です。

Aという考え方、それと対立するBという考
え方の二つを統合して、全く新しいCという
考え方を導きだすことが「正反合」です。た
とえば人には強みと弱みがあります。しかし
その二つは表裏一体です。人格の高い人は、
おそらく強み弱みそれぞれの持ち味をいかし
て、魅力にかえている人だと思います。文豪
夏目漱石は、胃弱で神経衰弱、そして癇癪持
ちだった。人とつき合うのにストレスが人一
倍あったはずだが、門弟との会を自宅で催し、
親切な手紙を書いています。ヘーゲル的な見
方をしますと、矛盾の中に素晴らしさがある
真理があるということです。

豆知識 ゲオルク・ヴィルヘルム・フリードリヒ・ヘーゲル（1770〜1831）はドイツの哲学者です。カントに始まるドイツ哲学の観念論（世界は普遍的な理念で把握できる）を、弁証法を用いて大成させた人と言われています。『法の哲学』はヘーゲルの晩年、国家について政治哲学や法哲学の観点から述べた著作です。

［大人］

おとなは、みんな、
はじめは子どもだった。
（しかし、そのことを忘れずにいるおとなは、
ほとんどいない）

サン＝テグジュペリ（『星の王子さま』）

大人とは何でしょう？　子どもが大きくなった存在です。しかも、自分が子どもだったことを忘れている。それが大人です。この定義はフランスの作家で飛行士でもあったサン＝テグジュペリの有名な言葉で、『星の王子さま』のまえがきに書かれています。『星の王子さま』は「はじめは子どもだった大人」にささげられた作品です。確かに大人は自分が子どもだったことを忘れています。

私は講演会では、小学三年生の時の体に戻ろう、とおすすめしています。その場で立って軽くジャンプしてもらうと、心も体も軽くなって、好奇心が頭をもたげてきます。私も小学生の時、水につけた雑巾を教室の壁にぶつけて、いろいろなシミをつくり、「何に見えるか」という遊びをやったことがあります。飽きもせず、延々とむだなことをやり続けたあの日々が、まさに子ども時代を象徴していたと思い出します。

豆知識　アントワーヌ・ド・サン＝テグジュペリ（1900〜44）はフランスの作家です。軍隊で飛行機の操縦を学んだことから、退役後は飛行機会社に勤務し、郵便を輸送するパイロットとして活躍します。『星の王子さま』は自身がサハラ砂漠に不時着した際の経験を基にしています。第二次世界大戦に参戦し地中海上で行方不明となりました。

［大人］

大人と云うものは
成長した樹木のようなもの（略）
若い方々は
是れから新しく咲こうとする花。

与謝野晶子（『女子と修養』）

大人はもう花も咲き、実も結んでいます。何の花か、何の実か、見ればわかります。でも若い人はこれから新しく咲こうとする花です。どんな花になるかわかりません。だから若い人たちをみくびってはいけないのです。

私も大学生に接していると、何の花が咲くのかわかりませんが、何か美しい芽がそこにあるというふうに感じます。与謝野晶子も若い人たちの希望に満ちた新鮮な表情にふれると、大人も心が引き立つと言っています。

年をとって、樹木のようになってしまった人でも、これからどんな花が咲くかわからない若い人たちとふれあうことで、自分自身も若々しい花をつけるかもしれません。アンチエイジングの秘訣は、若い人とかかわることなのかもしれませんね。

豆知識 与謝野晶子（1878〜1942）は歌人、作家。夫は歌人の与謝野鉄幹。情熱的な短歌で知られ、初めての歌集『みだれ髪』は世間に衝撃を与えました。出征する弟に対して歌った「君死にたまふなかれ」は賛否両論を呼び起こしました。この文章は、昭和7年2月25日に埼玉県立久喜高等女学校での講演です。『定本与謝野晶子全集』第20巻（講談社）所収。

［日本人］

日本人とは、
日本人とは何かという問を、
頻（しき）りに発して
倦（う）むことのない国民である。

加藤周一（『日本人とは何か』）

日本人とは何か、という問いをよく発するのは日本人の特徴だと、医師で評論家の加藤周一さんは書いています。加藤さんの『雑種文化』という本によると、日本人は文化的に雑種であって、様々なものを取り入れている民族だというのです。そのため、常に「自分たちは何だっけ？」と問い直していないと、不安になってしまうそうです。そういう小心なところが私は可愛いところだと思っています。私自身は日本人がなぜ押しが弱いのか、ずっと疑問に思ってきました。

人類がアフリカからヨーロッパをへてユーラシア大陸へと移動していく過程で、常に押しの弱い人たちが押しの強い人たちに押し出されて、ついには海のはずれまで来てしまったのではないかという仮説をたてています。それが正しいかどうかはさておき、いろいろな説を次々と考え出して飽きることがない民族だというのは間違いないようです。

豆知識 加藤周一（1919〜2008）は評論家、医師。東大医学部在学中から文学に傾倒し、フランスに留学。帰国後、日本文化の雑種性に関する評論を発表。その後医師を廃業し、評論活動を本格化させます。『日本文学史序説』で大佛次郎賞受賞。この文章は『日本人とは何か』（講談社学術文庫）所収。

［エグゼクティブ］

ゲリラ戦においては、
兵士全員がエグゼクティブなのだ。

ドラッカー（『経営者の条件』）

「エグゼクティブ」は、エリートビジネスパーソンというイメージです。ところがドラッカーは、ゲリラ戦では兵士全員がエグゼクティブなのだと言っています。ベトナム戦争に従軍した歩兵大尉へのインタビューで、こんな話を聞いたそうです。部下がジャングルで敵と遭遇した場合、その状況は彼らにしか判断できないから、どうするかを決めるのは、その場にいる者だけだそうです。

ゲリラ戦では個々の兵士が目の前の状況を自分で判断し、意思決定し、自在に動きます。そこには上司とそれに従う部下という構造はありません。この考え方はアクティブラーニングとも共通します。自分で学びたいことについて作戦を立て、チャレンジしていく主体的学習です。結局、エグゼクティブを育てるには自分で判断するしかない状況を経験させていけばいいわけです。

豆知識　ピーター・ファーディナンド・ドラッカー（1909〜2005）はオーストリア出身のアメリカの経営学者です。ファシズムを分析した『経済人の終わり』で注目され、アメリカの大企業GEやIBMの経営コンサルタントを務めました。人間がつくった環境に関心を持つという意味で、「社会生態学者」を名乗っていました。

［馬鹿］

最高の馬鹿とは、自分がそうでないと思い、
自分以外のすべてがそうだと思っている人である。

バルタサル・グラシアン（『賢者の知恵』）

自分は馬鹿ではないと思い、自分以外が全員馬鹿だと思っている人が、最高の馬鹿であるという定義は面白いですね。独裁者にはこのタイプが多いのでしょう。グラシアン・イ・モラレスはスペインのイエズス会の司祭だった人です。「馬鹿」に関する同じような定義は、他の人にもあります。一九世紀イギリスのヴィクトリア女王時代に政治家として活躍し、女王の信頼も厚かったメルバーン卿は「自分が馬鹿であることをさとらない人はどうにもならない」と言っています。ギリシャの哲学者ソクラテスが言った「無知の知」もですが、「自分がわからないということがわかっている」のが賢い人で、わからないのが馬鹿です。日本にも「馬鹿は死ななきゃなおらない」という言葉があります。『森の石松』で二代目広沢虎造が言ったせりふだそうです。おのれを知らない人が馬鹿というのは、古今東西、みな感じていることなのですね。

（豆知識）バルタサル・グラシアン・イ・モラレス（1601〜58）はスペインの哲学者、イエズス会の司祭です。神学校で教えながら、哲学、教育に関する著述を多く残しています。カタロニア地方で起きた反乱では、カタロニアとフランスの連合軍に対して、スペイン政府の側について参戦し、「勝利の司祭」と呼ばれました。

［愚か者］

どんな愚か者でも、
他人の短所を指摘できる。
そして、たいていの愚か者が、
それをやりたがる。

ベンジャミン・フランクリン

他の人の短所は目につきますから、誰でもそれを指摘することはできます。でも、それが本当であっても、言ってはいけないこともあるわけです。それを言葉にして言い、相手を傷つけてしまうのは、愚か者のやることだとアメリカ合衆国建国の父ベンジャミン・フランクリンは言っています。私は大学のある授業で、学生全員に短い小説を書いてもらったことがあります。その時にみんなが嫌がったのは、自分の書いたものが下手すぎて、意見をいろいろ言われることでした。

そこで、全員がコメントをする時に〝絶対に短所を指摘しない。長所をほめる〟というルールをつくりました。するとみんな機嫌がよくなり、その結果、また小説を書いてみたいとなりました。他人の短所を指摘するのは愚か者のすることです。ウッと自分の喉から出かかった時は、「危ない、愚か者になってしまう」と思い直すのがいいと思います。

豆知識 ベンジャミン・フランクリン（1706〜90）は、アメリカ合衆国がまだイギリスの植民地だったころのボストンに生まれました。政治家であり著述家、物理学者としても知られ、凧を用いた実験で雷が電気であると明らかにしました。アメリカ独立に貢献し、アメリカ合衆国建国の父の一人と言われています。

倒すだけが能ではない。
敵がなければ教えもない。
従って進歩もない。

松下幸之助（『道をひらく』）

経営の神様、松下幸之助の発想の転換法の一つです。目の前の敵を倒すことしか頭にない人がいます。しかし、実は敵がいるおかげで、相手に負けまいとしのぎを削り、自分の技術も進化していくわけで、それはつまり、敵に教えてもらっているようなものだという話です。敵がいると〝自分は逆境にある〟とマイナスにとらえがちですが、「いや、学ばせてもらっている」と思えば、かえって闘志がわき、良い結果を招くことができるのです。

どんな世界でも、ライバルがいたから自分の実力が伸びたという話は、よく耳にします。たとえば同時代に偉大なボクシングのチャンピオンがいて、自分がライバルとしての立ち位置にあれば、歴史に名が残ります。結局人はライバルと思える相手がいないとだめなのです。「倒すのではない、そこから学ぶのだ」「敵ではない、学ぶ相手だ」ととらえる視点が面白いですし、参考にしたいものです。

豆知識 松下幸之助（1894〜1989）はパナソニックホールディングスを一代で築き上げた経営者で実業家、発明家、著述家です。その教えや功績で「経営の神様」の異名を取っています。実際に三重県鈴鹿市にある椿大神社の境内末社である松下幸之助社に、祭神として祀られています。『道をひらく』（PHP研究所）所収の文章。

［われ］

われ思う、ゆえにわれあり。

デカルト（『方法序説』）

フランスの哲学者デカルトが述べた、大変有名な言葉です。デカルトはすべてを疑うことで真理を追求しようとした人です。私たちの周りには真実か虚偽かわからないものがたくさんあります。だからとりあえずすべて疑ってみようという考え方です。たとえばリンゴが目の前にあったとして、このリンゴは本当に存在するのか、存在すると思っているだけではないかと疑います。しかし疑っている自分がいるということは紛れもない真実です。

つまり自分が考えていることは疑えない。だから自分は存在しているという不思議な論理です。考えている自分がいる。その自分が拠点になって、真理の追求が行われるのがデカルトの考え方です。それまでの信仰による真理の追求ではなく、理性を中心に置いた点で、「近代哲学の父」とも言われています。

「コギト・エルゴ・スム」という有名なラテン語ですので、覚えておくといいでしょう。

豆知識 ルネ・デカルト（1596～1650）はフランスの哲学者、数学者です。『方法序説』は真理にいたる方法について書かれています。たとえば大きな問題があったら、小さな部分に分解し、わかりやすいものから手をつけて、最後に見直すという方法でより正解に近づける、など具体的な方法について記しています。

[謙遜]

度のすぎた謙遜は、虚栄心である。

コッツェブー

私は個人的には、謙遜されるのが苦手です。相手が「いえいえ、それほどでもありません」と謙遜すると、「そうは言ってもすごいじゃありませんか」ともう一度ほめなければなりません。それが面倒くさいのです。謙遜する人は、相手が否定してくれるのを待っているので、ほめられるのを待っているのと同じです。それなら最初から自画自賛でいった方が、お互いに楽なのではないでしょうか。

メジャーリーガーの大谷翔平選手のインタビューを聞いていると、必要以上の謙遜がないので、非常に聞きやすく感じます。「こんな記録はまだまだです」という言葉は謙遜ではなく、本音です。謙遜から入らないので、こちらも素直に聞けるのです。そもそもやたらと謙遜するのは、失敗した時の予防線をはっているような感じもします。度胸がない人にも見られかねないので、度がすぎた謙遜はやめた方がいいでしょう。

(豆知識) アウグスト・フォン・コッツェブー (1761〜1819) はドイツの劇作家です。ロシアで活躍していましたが、皇帝を侮辱したとしてシベリアに流されます。のちに名誉を回復し、ドイツでも活躍。しかし、自由主義の若者と対立し、ロシアのスパイと疑われて暗殺されてしまいます。

［殺人］

一つの殺人は悪漢を生み、
百万の殺人は英雄を生む。
数量が神聖化する次第です。

チャップリン（『殺人狂時代』）

『殺人狂時代』という映画の中で、主人公が死刑台に送られる時のせりふです。一人を殺すと犯罪者として罰せられますが、大量に殺せば英雄になる、とチャップリンは皮肉っています。戦争はその典型です。たくさん殺した人が英雄になります。数の単位が人の感覚を狂わせてしまうのです。チャップリンが言いたいのは、人の感覚は容易に狂ってしまうということでしょう。ドストエフスキーの『罪と罰』に登場する金貸しの老婆を殺したラスコーリニコフも、パリで大虐殺をした支配者が銅像をたてて賞賛される、と同じようなことを言っています。大量に人殺しをした人が名を残すのは、歴史を見ても明らかです。

とはいえ、今は時代が違います。チンギス゠ハンの時代や戦国時代とは、価値観や人権意識が異なります。ウクライナやパレスチナへの国際世論には人類の見識が試されます。

(豆知識) 『殺人狂時代』はチャールズ・チャップリン（1889〜1977）の脚本、監督、主演による映画です。この映画でチャップリンは戦争や紛争など大量殺人はすべてビジネスである、と言い切りました。ビジネスに成功すれば成功者になります。チャップリンはこの映画を撮ったことで共産党のシンパとみなされ、アメリカを追放されます。

あらゆる社交は
おのづから虚偽を必要とするものである。

芥川龍之介（『侏儒の言葉』）

人と社交的に関わる時は、むき出しの言葉を使ってはいけません。親しき仲にも礼儀あり、ではありませんが、ましてや社交の場では、虚偽までは言えなくても、お世辞は言わないといけません。たとえば「前より顔色が悪くなりましたか？　お体、大丈夫ですか」などと本当のことを言ってしまうのは、場の雰囲気も悪くなりますし、相手に対しても大変失礼です。

社交の場では、お互い気分よく過ごすのが鉄則ですので、「いつお会いしても、お若いですね」などときれいなベールをかぶりあって、ベール越しにものを言う必要があります。それが大人の作法だと覚えておきましょう。なお芥川龍之介の『侏儒の言葉』は、様々な言葉について、芥川なりの定義や思いを記したものです。皮肉のきいた定義集としての読みごたえもありますので、関心がある方はお読みになってください。

（豆知識）芥川龍之介（1892〜1927）。東京出身の小説家。11歳のとき母を亡くし、12歳で母の実家芥川家の養子になります。幼いころより優秀で、東京帝国大学を卒業。夏目漱石に認められ、『羅生門』『藪の中』『河童』など多数の小説を発表しました。神経衰弱を病み、35歳で自殺します。

［社交］

君子の交わりは淡き水の如し、
小人の交わりは甘きこと醴（あまざけ）の如し。

荘子（『荘子』山木篇）

中国の哲学者荘子が書いた『荘子』という書物の中に登場する言葉で、書物では孔子の言葉とされています。君子とは立派な人物のことです。

偉い人の交際は水のように淡白ですが、凡人の交際はベタベタした甘酒のようだ、という意味です。濃くしすぎないのがポイントです。人間関係はあまり濃くしすぎると相手に期待してしまうので、何かうまくいかなくなった時、裏切られた感じになります。

ドロドロしすぎないことが大切なのですね。結果的には友情をはぐくむことができます。

淡いつきあいであれば長続きするので、

作家の五木寛之さんは「これはと思う人とは、あえて一年に一回くらいしか会わない」とおっしゃっています。私も中高の大親友とは一年に一回くらいしか会いません。それくらいの距離が、もめごともなく、新鮮でお互いにちょうどいいのかもしれませんね。

（豆知識）荘子（紀元前369ころ～紀元前286ころ）は中国の戦国時代の哲学者です。老子と並び道教の創始者の一人で、孔子を批判していますが、孔子の弟子の流れをくむ人ではないかと言われています。『荘子』は荘子の著書で多くの寓話が含まれています。その中の山木篇にたとえ話として孔子のこの言葉が紹介されています。

［社交］

社交の秘訣は、
真実を語らないということではない。
真実を語ることによってさえも
相手を怒らせないようにすることの技術である。

萩原朔太郎（『港にて』）

社交の場では、本当のことを言わないのが礼儀なのですが、もう一歩進んで、真実を語ったとしても相手を怒らせないようにするのが秘訣である、と詩人の萩原朔太郎は言っています。これはかなり高度な技術です。一般の人はやらない方が無難です。しかし上手に真実を語る方法もあります。

私も声が少ししか出ない時があったのですが、ある人から「先生はいつものあの伸びやかな声が大変魅力ですので、喉にお気をつけくださいね」と言われて、「ほうほう」と思ったことがあります。「声がカスカスですね」と言われるよりずっといい気分でした。

社交の場に限りませんが、何か言いにくい真実を伝える時は、「イエス・ノー・イエス」のサンドイッチで伝えるのがいいと弁護士の方から教わりました。最初にほめて、真ん中に言いにくい真実をはさみ、さらにほめ言葉でしめると、相手を励ます言い方になります。

（豆知識）萩原朔太郎（1886〜1942）は群馬県前橋出身の詩人。口語の自由詩をつくり近代日本詩の父と言われています。慶應大学中退後、北原白秋の門下となり、室生犀星と知り合って生涯を通じた親交を結びます。『月に吠える』『青猫』といった詩のほかに評論も多く残しています。『港にて』はアフォリズム集です。

［世間］

世間というものが、
一人ひとりの生きている人間のつながりである、
ということを理解した。

佐野洋子（「人は言葉を話すので」『私の猫たち許してほしい』）

絵本作家の佐野洋子さんは、かつては世間とは「少し古めかしい、少し私を邪魔するものであり、とりはらいたいものであった」と書いています。しかし「世間は人間のつながりである」とポジティブにとらえられるようになったのでしょう。世間を無視すると、一人で閉じこもるしかありません。「世間知らず」と言われると、人と人との社会的なつながりがわかっていないことになります。

私たちは社会の中で生きているので、世の中の相場はこうなっている、ということをわかっていた方がいいですね。今は昔ほど「世間」という言葉を使わなくなりましたが、「世間知らず」とか「世間が狭くなる」とか「世間の冷たい風にあたってみろ」など「世間用語」を使っておのれを把握することが、今の時代になっても必要だと思います。

（豆知識）佐野洋子（1938〜2010）は絵本作家、エッセイスト。代表作に『100万回生きたねこ』があります。詩人で絵本作家の谷川俊太郎さんと結婚していたこともあります。『私の猫たち許してほしい』（ちくま文庫）は著者初のエッセイ集。幼少期をすごした北京のことやベルリン留学時代など、自身の生い立ちや日常が描かれています。

[世間]

世間というのは、君じゃないか。

太宰治（『人間失格』）

太宰治の小説『人間失格』の主人公の葉蔵には友人がいるのですが、内心ではお互いに軽蔑しあっています。その友人が、葉蔵の生活ぶりに対して「これ以上は、世間が、ゆるさないからな」と言いがかりめいたことを言います。その時、主人公が心の中で思うのがこの言葉です。それまで葉蔵はずっと世間の目がこわいと思ってきました。しかし世間の目と思ってきたのは、結局は誰か個人の目。

「なあんだ、君じゃないか」と気がつくのです。するとあまりこわくなくなります。世間は君だ、というのが『人間失格』の中の定義です。昔は「世間に恥ずかしい」という言葉が幅をきかせていましたが、今はそういう世間は消滅し、かわってSNS上に新しい「世間」ができあがっています。ちなみに日本人が気にする世間の範囲は世の中全体よりは狭く、家族よりは少し広い範囲。このあたりが一番気になる「世間」なのかもしれません。

豆知識 『人間失格』で世間の本質を見抜いた太宰治（1909〜48）ですが、実際には世俗的なところもあったようです。芥川龍之介の大ファンだった太宰はどうしても芥川賞が取りたくて、選考委員の作家たちに手紙を送りました。中には4メートルに及ぶ長文の手紙もあったそうです。しかし芥川賞とは無縁の人生でした。

［自由］

自由というのは
「いいたいことをいい、
したいことをすることができる」
ということ。

プラトン（『国家』）

自由についてのこの定義はプラトンの『国家』第八巻で、民主政治について述べている部分に書いてあるものです。プラトンは古代ギリシャの哲学者です。今から二四〇〇年も前に、自由について考えているところがすごいですね。プラトンによれば、自由とは言いたいことをいい、したいことをすること。簡単なようですが、この簡単なことができない国が現在でもあります。

私が見たある国のドキュメンリー映画では、自由がない生活が描かれていました。たとえば同性愛であることがわかると、逮捕されて拷問を受けてしまいます。それどころか家族の中に同性愛者がいただけでも、家族されることもあるのです。それに比べたら、今の日本はわりと言いたいことが言えて、したいことができるので、自由な国なのではないかと思います。

豆知識 プラトン（紀元前427〜紀元前347）は古代ギリシャの哲学者。ソクラテスの弟子で、アリストテレスの師です。『ソクラテスの弁明』『饗宴』『国家』などソクラテスを中心とした対話による著作を多数残しています。アテネの近くにアカデメイアという学校をつくり、教育と研究に一生をささげました。

自由と申すものは、天帝が人間に与えたもうた、最も高価な賜物の一つである。

セルバンテス（『ドン・キホーテ』）

ドン・キホーテが従者であるサンチョ・パンサに言う言葉です。続けて「あらゆる財宝もこれ（自由）には拮抗しえない」と言っています。自由とは最高なものだと言っているわけです。セルバンテスが『ドン・キホーテ』を書いたのは、日本でいえば関ヶ原合戦の時代です。その時代に、すでに自由についてこれだけのことを言っていたわけですから、素晴らしいですね。

天から与えられた最も高価な贈り物が自由だという考え方が、一七八九年のフランス革命にも受け継がれます。フランス革命のテーマは「自由、平等、友愛」です。それがフランスの憲法になるのですから、セルバンテスはかなり早い時期に自由の本質について見抜いていたと言えます。近代になるにつれて自由の範囲が広がっています。

豆知識 ミゲル・デ・セルバンテス（1547〜1616）はスペインの作家です。戦争で左手の自由を失ったり、海賊に襲われて5年間の奴隷生活を送ったり、帰国後も投獄や破門を経験するなど波乱に富んだ一生を送ります。代表作に『ドン・キホーテ・デ・ラ・マンチャ』『模範小説集』など。

［**自由**］

自由とは、法の許すかぎりの
すべてのことをなす権利である。

モンテスキュー（『法の精神』）

モンテスキューは三権分立を提唱した人です。三権分立とは国の統治権を立憲・行政・司法の三権に分立させ、それぞれの権力は独立させるものです。日本も三権分立の国家ですね。そのモンテスキューが、「自由とは、法の許すかぎりのすべてをなす権利である」と言い、さらに「もしある市民が法の禁じていることをなしうるならば、彼はもはや自由をもたないことになる」と書いています。自由について法律が上手に定めているわけです。

しかしその法律自体が人を監視したり、人権を侵害するようなものであったり、法律があっても守られていなかったら、意味がありません。法律がきちんとガラス張りになっていて、その法律にもとづいて国が運営される法治国家であることが大切です。ちなみにフランス革命の際、宣言された人権宣言にも「自由は、他人を害しないすべてをなしうる機能にある」と記されています。

（豆知識）シャルル＝ルイ・ド・モンテスキュー（1689〜1755）はフランスの哲学者、思想家です。貴族の家に生まれましたが、フランスの王政を批判し、学究生活を送ります。『法の精神』は20年をかけて完成させた大作です。権力の分立や奴隷制度の廃止、法の規範など多岐に渡って考察が述べられています。

人間は自由の刑に
処せられていると表現したい。

サルトル（『実存主義とは何か』）

自由といえば、普通は素晴らしいものという受け取り方をします。でもサルトルは「刑に処せられている」と言うのです。なぜなら「人間は自分自身をつくったのではないからであり、しかも一面において自由であるのは、ひとたび世界のなかに投げだされたからには、人間は自分のなすこと一切について責任があるからである」と述べています。つまり人間は自分で選ばずしてこの時代のこの環境に生まれ、生きているわけです。「こう生きたい」と思ってもその時点で限定されています。

一方で、世の中で生きていると、常に選択を迫られます。ABC三つの道の一つを選ぶのは自分ですし、選んだからには責任が生じます。選択肢があるだけ自由。でも自分の意志ではなく、この世に投げ出されているから完全な自由ではない。それが自由の刑に処せられているという意味です。

豆知識 ジャン＝ポール・サルトル（1905〜80）はフランスの哲学者、小説家です。人間を本質的な存在ではなく、個別具体的な主体としてとらえた実存主義を唱え、神の存在を否定しました。ベトナム戦争反対など左翼運動を支援し、政治にも積極的に発言。ノーベル文学賞を辞退したことでも知られています。

［天才］

天才とは一パーセントのひらめきと、
九九パーセントの努力である。

エジソン

有名なエジソンの言葉の原文はこうです。Genius is 1 percent inspiration and 99 percent perspiration. Inspiration（ひらめき）と perspiration（発汗）が対になって韻を踏んでいます。なかなかお洒落ですね。韻を踏む訳として「一パーセントの霊感と九九パーセントの発汗」というものもあります。エジソンは大変なメモ魔でした。アインシュタインもメモ魔だったと言われています。二人ともアイデアが浮かぶと、すかさずメモをしました。

いくら努力しても、一パーセントのアイデアがないと発明にはつながりません。この定義を「九九パーセントの努力が必要」ととらえる人がいますが、エジソンが言いたかったのは一パーセントのひらめきの方ではないか、と私は解釈しています。

（豆知識）トーマス・エジソン（1847〜1931）はアメリカの発明家。学校にはなじめず、独学で勉強しました。生涯で1300もの発明をしたと言われ、その中には白熱電球や蓄音機、活動写真など、歴史的な大発明もあります。複数の企業を興した起業家としても知られています。

（道化は、）自分の、人間に対する最後の求愛でした。

太宰治（『人間失格』）

道化を定義するのは太宰治らしい試みです。太宰は同じ文脈で道化について「絶えず笑顔をつくりながらも、内心は必死の（略）危機一髪の、油汗流してのサーヴィスでした」と書いています。太宰にとって道化はサービスだったのです。

自分がふざけることで人とつながることができる。人とのつながり方がよくわからないので、そうするしかなかったということです。わずかに道化の一線で人とつながることができるので、必死のサービスをしている、それが最後の求愛だということです。子どもがよくふざけて周囲の注目を集めようとしますが、それとよく似ています。

無理をしてでも人に喜んでもらう。この「サーヴィス」という言葉も『人間失格』では重要なワードになっています。YouTubeやTikTokで、おもしろおかしく踊ってみせたりしているのは、一種のサービスであり、人間に対する求愛なのかもしれませんね。

(豆知識) 太宰治（1909〜48）の『人間失格』は人前では常に道化を演じる男の半生を描いています。この小説を書いた1カ月後に太宰は玉川上水で入水自殺しているので、遺書ではないかと言われたことがあります。後年の研究で、この小説はフィクションではあるものの、太宰自身のことが色濃く投影されていることがわかっています。

［アイデンティティ］

アイデンティティーというのは、
最終的に(略)一つ持っていればいいんだ。
言わば指紋だよ。

三島由紀夫（『尚武のこころ』）

アイデンティティは存在証明ということです。「君は誰か」と聞かれた時「私はこれこれというものです」という存在証明がアイデンティティです。心理学者E・Hエリクソンが心理学の用語として世界に広めました。自分というのはなんなのだ、という時に、それが一つあればアイデンティティになるというのが作家三島由紀夫の意見です。たとえば日本のアイデンティティを「日本語」だと仮定すると、最終的に日本語さえ話せれば、日本人のアイデンティティは保てる、というわけです。もっとも私はアイデンティティが一つしかないと危ういと思います。私が歌手だとして、アイデンティティがそれしかないと、声が出なくなった時に絶望してしまいます。でも三つくらいあれば、一つが倒れても、まだ二つ残っています。最低一つアイデンティティを持って、さらにもう一つまたは二つ増やしていくのがいいのではないでしょうか。

豆知識　三島由紀夫（1925〜70）は小説家、評論家です。『仮面の告白』で注目され、『金閣寺』『愛の渇き』など唯美的な世界を描いて、海外でも知られるようになりました。その後、ナショナリズムに傾倒し、自ら「楯の会」を結成。1970年、東京市ヶ谷の自衛隊駐屯地で決起を促し、割腹自殺します。この文章は『尚武のこころ』（日本教文社）所収。

呼吸は命の言葉なのである。
だから呼吸を変えれば、気分も変わる。

沖正弘（『ヨガの喜び』）

私は学生時代からずっと呼吸法を研究しています。呼吸は世界と自分をつなぐ道です。人は呼吸を通じて世界とつながっているのです。

呼吸をコントロールすると、気分も変わり、ものの見え方も変わってきます。焦っている時、呼吸をフッフッフーッとゆったりし直すと、気持ちが落ち着いてきて、焦ることはないのだと感じるようになります。ヨガの指導者沖さんが言うように、呼吸は命の言葉なのです。

ちょっと嫌な気分の時には、軽くジャンプしながら息をハッハッハッと吐くと、振り払うことができます。整体指導者、野口晴哉さんは「邪気を吐く」のだと言っています。みぞおちに両手の先をグーッと押し込むようにして、上体を倒しながら、ハァーッと息を吐くのです。手がグイグイと入っていく感覚です。これをやると、みぞおちがほぐれ、嫌な気が外に出た感じがして、気分が変わります。

(豆知識) 沖正弘（1921〜85）はヨガ指導者で思想家です。戦時中に軍の特別諜報員としてモンゴル、中国、インド、アラビアに赴き、東西の医療法と修行法を修得。戦後日本でヨガの普及に努め、ヨガブームを牽引しました。1958年に日本ヨガ協会、ヨガ行法哲学研修会を設立。多くの弟子を持ちました。『ヨガの喜び』（光文社知恵の森文庫）所収の文章。

［姿勢］

姿勢とは、私がこの世界に存在し、世界に触れている、その形である。

竹内敏晴（『「からだ」と「ことば」のレッスン』）

竹内敏晴は演出家として活躍した人です。心と言葉と体について、深い認識をもっていました。たとえば、私たちが「この世界に存在している」と言う時は、精神、心として存在しているのではなく、まず身体の姿勢として存在している。その形なのだと言っています。ですから、子どもたちの体育座り、いわゆる三角座りをすごく嫌っていました。足を手で抱え込むようにするあの座り方は「胸を閉じてしまう姿勢だからよくない」、つまり子どもたちを閉じ込めてしまう姿勢だからいやだというのです。このように姿勢に対して常に鋭い指摘をしていました。

プレゼンテーションをする時も、開かれた体でプレゼンしている人と、閉じてしまっている人がいます。声がこもり、姿勢も猫背になってしまう。プレゼンの場合は、外に対して閉じている。プレゼンに対して開かれた感じの方がアピールします。姿勢というのは、その人の形そのものです。

豆知識　竹内敏晴（1925〜2009）は東京生まれの演出家。生後すぐに中耳炎により難聴となり、耳が聞こえない少年期を過ごしました。その後、薬により聴力を取り戻し、演出家として数多くの作品を手掛け、「竹内レッスン」と呼ばれる、独自の「からだとことば」のワークショップを主宰。この文章は、『「からだ」と「ことば」のレッスン』（講談社現代新書）所収。

真の強さとは人から生まれる。
みんなの信頼が俺を強くしてくれる。

パク・セロイ（韓国ドラマ『梨泰院クラス』）

韓国ドラマの『梨泰院クラス』はソウルでもっともオシャレな街・梨泰院に小さな居酒屋を開店させたパク・セロイが主人公です。

彼は中卒で前科者というハンディを抱えていますが、仲間たちと共に飲食業界のトップを目指して駆け上がります。そして父を殺し、自分が前科者になるきっかけをつくった人たちに復讐をとげるサクセスストーリーです。

「応援してくれる人や、信頼してくれる仲間がいるから強くなれるのだ」とは、よく聞く言葉ですが、ドラマの中で正義感の強い主人公が言うせりふだけに心に刺さります。

心から応援してくれる仲間がいるのはありがたいものです。私の周囲でいうと、ヤクルトスワローズファンはファンの鏡です。彼らは試合に負けたからといって、選手を罵倒しません。最下位でも動じず、応援し続けます。

その応援によって選手たちの強さも生まれるのでしょう。

豆知識 『梨泰院クラス』は韓国で2020年1月31日から3月21日まで放送されたテレビドラマです。原作は、韓国初のウェブコミックにチョ・クァンジンが連載した同名の漫画です。アメリカの『タイム』誌は、『梨泰院クラス』を「Netflixで見るべき韓国ドラマベスト10」に掲載しています。

人生

［人生］

人生は、
世界がもとめるから富を見いだし、
愛がもとめるから価値を見いだす。

タゴール（タゴール詩集『迷い鳥』川名澄訳）

世の中を生きていくにはお金が必要です。ですから富を大事に思い、お金を追求します。

しかし愛を求められる時、初めてその価値がわかります。富ではない価値があるというのは、愛についての詩も多いインドの詩人タゴールらしい言葉だと思います。

私の家にはテリア犬がいますが、犬は人間に愛を促してくれます。「私を可愛がりますか？」「私を散歩につれていきますか？」「私にスリスリしながら愛を求めます。すると、「ああ、なんと可愛いのだろう」と愛情がふき出してきます。愛にめざめるのです。犬からあまりに愛を求められていたので、前に飼っていた犬が死んだ時は、家族中大変なことになりました。一週間も耐えられずに、ペットショップに行って、今のテリア犬がわが家に来たというわけです。可愛い犬と一緒にいると、富もお金も地位も何もいらない気がしてきます。

豆知識 ラビンドラナート・タゴール（1861～1941）はインドの詩人、作曲家、思想家です。『ギタンジャリ』というベンガル語の詩集で1913年のノーベル文学賞を受賞しています。ガンジーのインド独立運動では、精神的な支柱となりました。インド国歌はタゴールの作詞、作曲によるものです。

［人生］

人の一生は
重荷を負うて遠き道を行くがごとし。
急ぐべからず。

徳川家康（「遺訓」）

人生は大変なことが多いものだ、と教えてもらえば、何かあっても「そういうものだ」と受け止められます。でも人生は楽で楽しい、と思っていたら、辛いことが起きた時耐えられません。人生は重い荷物を背負って長い道を行くのだ、と思っていた方がいいでしょう。

徳川家康は子どもの頃、織田や今川に人質にとられて、忍耐の人生を送っていました。急がず、ゆっくり、と家康に言われるとなおさら覚悟が決まります。小学生の頃、学校で長時間歩く遠足がありました。あまりに長いのでみんな疲れて脱落しそうになります。すると先生が肥だめにつっこんだ棒をふり回して、最後尾で「歩け、歩け」と言うのです。生徒たちはキャーキャー叫びながら、楽しく歩きます。結果的に、全員が長い距離を歩けて自信がつきました。今思い出しても笑ってしまいますが、長い道を歩く練習も忍耐をつける上ではいいのかな、と思います。

豆知識　徳川家康（1543〜1616）は江戸幕府をつくった戦国武将です。「遺訓」は家康が将軍を退任する時に書きとめられたものと言われています。「勝つ事ばかり知りて、負くることを知らざれば害その身にいたる」「おのれを責めて人をせむるな」「及ばざるは過ぎたるよりまされり」など現代にも通じる遺訓を残しています。

［人生］

人生は短いと人びとは言う。
ところがわたしの見るところでは、
彼らは人生を短くしようと努めているのだ。

ルソー（『エミール』）

時がたつのが早いと言う人がよくいます。そういう人は今を生きていないのではないかと、フランスの哲学者ルソーは言います。

「ある人は明日になればよいと願い、ある人は来月になればと思い、ある人は一〇年もたてばと思っている。だれ一人として、今日生きようとは思わない」とルソーは言うのです。

今日を思い切り生きないと、人生が短く感じられてしまうのです。人によって時間の長さの感覚が違うのは、確かにそう思います。

私は大学で学生たちに一五秒で自分の近況報告をするチャレンジをさせています。慣れてきたら一〇秒に縮め、さらに五秒にして話してきたら五秒でもけっこう話してもらいます。すると五秒でもけっこう長い時間に感じ、授業がたくさんのことに使えます。先日は、ChatGPTのクリエイティブな使い方を一人五秒で一一〇人に話してもらいました。時間の密度を高くすると、人生は長く感じられるのではないでしょうか。

(豆知識) ジャン＝ジャック・ルソー（1712～78）はジュネーブで生まれ、フランスで活躍した哲学者、思想家、作曲家です。『エミール』はルソーの教育論をまとめたものですが、彼自身は5人の子どもを全員孤児院に送っています。政治や社会についての著作も多いものの、当時の社会秩序を乱すとして批判され、貧困のうちに生涯を終えます。

［人生］

あなたは、
人生という劇の作者である詩人に、
ある役を演じるように命じられた
一人の役者であることを忘れてはならない。

エピクテトス

この言葉に続けて、エピクテトスはこう述べています。「貰った役を上手に演じることはあなたの力でできるが、どの役を演じるかは、あなた以外の人が決めることなのだから」。つまりどんな役を演じるかは、ある程度決まっているのです。私はよく講演会の自己紹介で「こんにちは、ディーン・フジオカです（御本人から公認）」と言って失笑を買うのですが、なぜそんなことを言うのかというと、私には彼の人生は生きられないからです。あの顔、あの声、あの存在感で生まれたら、私は別のことをやっていた気がします。誰がどの役を演じるかは、運命が決めている。私たちができるのは、その役を上手に演じるかどうかだけなのだ、ということです。映画監督の小津安二郎は、自分は豆腐屋だから豆腐しか作らない、と言っています。同じテーマ、キャストで日本的な映画を作り続け、世界的監督となりました。

（豆知識）エピクテトス（50年ごろ～135年ごろ）は古代ギリシャのストア派の哲学者です。ストア派とは、理性によって感情をおさえ、不動心に達することを目的とした哲学で、禁欲主義（ストイック）の語源です。エピクテトスの言葉を書きとめた『語録』はストア哲学の教科書と言われています。

人の一生は、動きまわる影にすぎない。

シェイクスピア（『マクベス』）

この言葉はシェイクスピアの『マクベス』からの一節です。マクベスは魔女の予言を信じ、妻にも尻をたたかれて、主君である王を殺してしまいます。そのあと自分が王になりますが、殺した家来の亡霊に悩まされたり、亡き王の息子や家来に攻められたりして破滅への道をたどります。「人の一生は、動きまわる影にすぎない」は城を包囲されたマクベスが、愛する妻の死を知らされて吐露する言葉です。シェイクスピアは言葉が非常に華麗です。人の一生をあらわすのに、「あすが来、あすが去り、そうして一日一日と小きざみに、時の階（きざはし）を滑り落ちて行く、この世の終りに辿り着くまで」という表現をしています。美しい言葉ですね。人生をあらわす定義として、みなさんもかっこいい言葉を考えてみましょう。「人生とは○○である」の○○のところに入る美しい言葉を考えると、いろいろ浮かんできて楽しいと思います。

(豆知識)『マクベス』は『ハムレット』『リア王』『オセロ』と並ぶシェイクスピア（1564〜1616）の四大悲劇の一つです。冒頭、魔女3人がマクベスが王になると予言します。「きれいは汚い、汚いはきれい」と合唱しながら退場していく場面のほか、殺された王の王子が復讐を誓う「明けない夜はない」という場面が有名です。

［人生］

人生は一行のボオドレエルにも若かない。

芥川龍之介（『或阿呆の一生』）

ボオドレエル（ボードレール）は『悪の華』などの詩で有名なフランスの詩人です。奔放で頽廃的な人生を送りました。彼の深い詩に比べたら、私たちの人生など何と凡庸なことか。彼の詩の一行にも及ばないではないか、と皮肉まじりに芥川龍之介は言います。人生はボードレールの詩のようには、素晴らしくも劇的でもないということでしょう。人生はけっこう平凡です。詩になるような一瞬のきらめきもないままにひたすら続いていくものかもしれません。まるで小学生の作文のように「朝起きて、歯を磨いて、学校に行き、勉強して、帰ってきて、ご飯を食べて、お風呂に入り、寝ました」という人生もあるわけです。特別なことが何も起きない人生ですが、だからといって「つまらない」と否定する必要はありません。きらめく詩ではなく、淡々と続く散文のような人生であっても、一人一人にとってかけがえのない、大切なものなのです。

（豆知識）『或阿呆の一生』は芥川龍之介（1892〜1927）の作品です。芥川の自殺後、発表されました。51の短い章からなり、芥川を連想させる主人公が幼少期から成人し、結婚して家庭を持ち、自殺する直前までの人生をふり返る内容になっています。芥川自身の心象風景をつづった自伝的な小説です。

［人生］

人生は一箱のマッチに似ている。
重大に扱うのは莫迦莫迦しい。
重大に扱わなければ危険である。

芥川龍之介（『侏儒の言葉』）

　昔、マッチ箱はあらゆる家庭にありました。飲食店では宣伝のためにマッチ箱をお客に配っていました。ガスに火をつけるのもマッチでしたから、子どもも当たり前に扱ったものです。ただし、「マッチ一本火事のもと」という標語があったくらいで危険ではあったのです。

　人生に当てはめると、大学生がアルバイトを探す時、これで人生が決まると考えるのは大げさだしバカバカしいでしょう。ところが「受け取って渡すだけで何万円ももらえる」と考えなしに引き受けてしまうと、闇バイトだったとわかり、大変なことになります。発覚すれば大学は退学で、刑事事件で起訴されることもあるでしょう。たかがバイトでも、重大に取り扱わないと危険です。どういう場合も、リスク管理は大事なのです。

（豆知識）芥川龍之介（1892〜1927）は東京出身の小説家です。『侏儒の言葉』は晩年の随筆・警句をまとめたものです。月刊誌『文藝春秋』の巻頭に連載されたものと、35歳で睡眠薬自殺をとげた後、27年9月号『文藝春秋』に遺稿として掲載されたものを併せています。

［人生］

人生はクローズアップで観れば悲劇だが、ロングショットで観れば喜劇である。

チャップリン

喜劇王と言われ、サイレント映画から戦後のトーキー作品にいたるまで数々の傑作を残したチャップリンの名言の一つです。自分では「大変なことが起きた」と頭を抱えることでも、他人から見ると、あるいは自分自身でも遠くから俯瞰してみると、もしかしたら滑稽に見えるのではという話です。たとえばフラれたから死にたいと思い詰めるのは、悲劇です。しかし、フラれたぐらいで死ぬと言ってどうすると、喜劇のようにとらえられたら、

「死ぬこともないよな、次に行こう」と思えます。私は近所のコンビニ店員のウズベキスタン人と友だちになったのですが、彼が「彼女と別れたんだ」と言うので「そうか、大変だね。辛いね」と慰めると、彼は「いや、バスはまた来る」と肩をすくめていました。悲劇でも、自分のとらえ方一つですぐに持ち直せるのです。距離感によって、物事が悲劇にも喜劇にも見えるというのは面白いですね。

(豆知識) チャールズ・チャップリン（1889〜1977）はミュージックホールの芸人だった両親のもと、ロンドンに生まれました。5歳で初舞台を踏み、10代の頃から喜劇役者として活躍します。25歳の頃にアメリカで映画製作に携わり、映画の黎明期に『キッド』『街の灯』『ライムライト』をはじめ人々の記憶に残る数多くの傑作を残しました。

人生は道路のようなものだ。
一番の近道は、
たいてい一番悪い道だ。

フランシス・ベーコン

よくありますね。近道を通ろうとしたら、ぐちゃぐちゃだったり、危ない道だったり、行き止まりだったり。「急がば回れ」ということわざがありますが、簡単なやり方には罠があるということです。苦労してでも遠い道を行く方が、人生にとってはいい道なのだと教えています。

漫画『巨人の星』でも近道について言及しています。星飛雄馬がランニングをする三叉路の真ん中のコースが工事中で、右が近道、左は遠回りの道でした。近道を選ぶのですが、父親の星一徹が待ち構えていてこう言うのです。「なぜ遠回りを選ばん!?つらい苦しい遠回りを選んでこそおのずと成長がある！ これからの人生においても野球人生においても 行く手に障害のある時は常に遠回りを選べ!!」（『巨人の星』梶原一騎原作・川崎のぼる作画／週刊少年マガジンコミックス一四巻）。近道より辛い道を選ぼうと、子ども心に大変印象に残ったエピソードでした。

豆知識 フランシス・ベーコン（1561〜1626）はイギリスの哲学者です。「知は力なり」「自然はそれに従うことによってのみ征服できる」という言葉で知られます。複数の事実や事例から共通点をまとめ、結論を導き出す「帰納法」を提唱しました。

［人生］

人生は自転車に乗ることに似ています。
バランスを保つためには、
動き続けなくてはならないのです。

アインシュタイン

世紀の物理学者アインシュタインは人生を自転車にたとえています。自転車はペダルをこぎ続けていないとバランスが保てないように、人生も現状の中でうだうだしていると、バランスを崩しがちなのだと言っています。

やらなければならないことや必要に迫られたことがあり、それをしている状態は、精神の健康を保つためには必要かもしれません。自転車にはもう一ついいことがあって、それは遠くに視線を向けることです。足元ばかり見ていると転んだり、何かにぶつかったりして危険です。人生も同じかもしれません。

自転車に乗るのは技なので、一度乗れるようになったらずっと乗れるという良さもあります。不遇なことを乗り越えて経験を積み、技のようなものを身に付ければ、人生はずっとバランスを保ちやすくなります。くさらず止まらず「じゃあ次に行ってみよう」と動き続けることが、人生においては大切なのです。

豆知識 アルベルト・アインシュタイン（1879〜1955）はドイツに生まれた理論物理学者です。相対性理論など、それまでの物理学の常識を根本から変える理論を提唱して「20世紀最高の物理学者」と言われています。1921年には物質に光を当てると、中にある電子が外に飛び出る「光電効果の法則の発見」によりノーベル物理学賞を受賞しています。

［人生］

人生は芝居で、この世はリハーサルなしだ。

メル・ブルックス

映画監督で俳優のメル・ブルックスの言葉です。人生は芝居だと思うと、気楽な感じがしますね。普段は本当の自分を出さなければと思っていても、しょせん芝居のようなものだと俯瞰して思えると、力みが取れてかえって好結果を生むような感じがします。シェイクスピアも『お気に召すまま』の中で、「この世は舞台、人はみな役者」だと言っています。

舞台の上での役が終われば舞台袖に入っていく。人はその場面、その場面で役割を演じているということでしょうか。

メル・ブルックスの言う「この世はリハーサルなし」という言葉は、今を生きているライブ感があり、新鮮な感じがします。実は私はリハーサルがあまり好きではありません。テレビ番組で何分間か一人でスピーチをするような時も、前もって原稿を渡すのではなく、ぶっつけ本番でしゃべらせてもらいます。リハーサルなどない方が人生は面白いです。

（豆知識）メル・ブルックス本名メルヴィン・カミンスキー（1926〜）はユダヤ人移民出身の両親の元、ニューヨーク市のブルックリンに生まれました。コント作家、テレビドラマの原作・脚本等を担当した後、1967年に映画監督デビュー。"コメディ映画の重鎮""ハリウッドのコメディ映画・パロディ映画界を象徴する存在"などと言われています。

［人生］

人生とは、何かを計画している時
起きてしまう
別の出来事のこと。

シリア・ハンター

　シリア・ハンターという人は、米軍初の女性パイロットの一人で、女性初の全米自然保護協会会長に就任。生涯をアラスカ環境保護活動にささげたという経歴の持ち主です。米軍のパイロットになった時には、まさか自分がアラスカの環境保護に生涯をささげるとは思っていなかったでしょう。人生は計画通りにはいかないということです。

　思いもかけない出来事や出会いによって、支流に紛れ込んだと思ったら、むしろそれが本流になり、いつのまにか自然な流れと思えている。それが人生です。コロナ禍で人生がずいぶん変わったという人がいます。ネットビジネスはやる気がなかったのに、仕方なく始めたら、今では半分以上がネットによる利益になっている人もいます。計画通りに行くのがむしろまれだと思って、タフになれといことでしょう。出来事を柔軟に迎え入れることで、楽しいことに出会えたりするのです。

（豆知識）シリア・ハンター（1919〜2001）はアメリカのワシントン州生まれのアラスカ環境保護活動家です。この言葉は、アラスカを中心に動植物や、そこで生活する人々を撮影した写真家、星野道夫の著書『イニュニック〔生命〕─アラスカの原野を旅する』（新潮文庫）で、シリアの口癖として語られています。

世（の）中は　地獄の上の　花見哉

小林一茶（『一茶　七番日記』）

江戸時代を代表する俳諧師の一人、小林一茶の句です。一茶は三歳で母親と死別。継母との関係がうまくいかずに一五歳で江戸に奉公に出されます。五二歳でやっと結婚しますが、四人の子どもは早くに亡くなり、妻にも先立たれるなど苦労の絶えない人生でした。

一茶の俳句は、「生きる」ことをテーマにしていると言われます。「雀の子そこのけそこのけ御馬が通る」など、童謡を思わせる慈しみあふれる句が有名ですが、生活苦や人生の矛盾をとらえた、皮肉とも風刺とも言える句もまた多く残しています。

この句では、人の世は地獄の上で花見をしているようなものだと言っています。花見といってもただの花見ではない、下は地獄だよと言うのです。しかし暗い気分かというと、そうでもありません。私たちは地獄に行くことを考えるのではなく、この世の花見を楽しむぐらいの気持ちでいるといいのでしょう。

（豆知識）小林一茶（小林弥太郎、1763〜1828）は現在の長野県信濃町で、中農の家の長男として生まれました。25歳の頃、葛飾派の俳諧師として頭角を現し、生涯に2万句にも及ぶ句を残しています。この句は、48歳から56歳までの句日記『七番日記』に含まれ、文化9（1812）年2月に詠まれたものです。

［世の中］

おまえと世の中との闘争では、
世の中の側に立て。

カフカ（『夢・アフォリズム・詩』）

自分と世間・世の中が対立している時は、世の中の側に立ちなさい、ということです。

私は毎年、就職活動をする学生の指導に立ち会いますが、「自分の側」に立っている人間はうまくいきません。就職活動では、相手の会社に自分という人材を欲しいと思ってもらう必要があります。つまり「相手の側」に立つことが大事なのです。

教育実習もそうです。実習生は、受け入れ先の学校のやり方に従う必要があるのですが、「自分の側」に立ち勝手なことをしてしまうと、トラブルとなります。ですから、実習に送り出す時、私は学生に「君たちにぴったりのことわざがある。郷に入れば郷に従え」だ」と言って復唱してもらいます。世の中は不条理なものかもしれませんが、「世の中に入れば、世の中に従え」を基本にすることで、むしろ自分にとって過ごしやすい環境を作れるのかもしれません。

（豆知識）フランツ・カフカ（1883〜1924）はチェコ出身、ドイツ語作家。『変身』『流刑地にて』などで作家としての地位を確立していた34歳の時、結核を発症します。長期休暇を取り、療養地で書き始めたのが『罪・苦悩・希望・及び真実の道についての考察』です。死後に出版されたこの本は、一連のアフォリズム風の短文で構成されています。

［生きる］

生きるとは行動することである。
ただ呼吸することではない。

平塚らいてう

平塚らいてうはフェミニストの先駆けです。らいてうが活躍した明治、大正時代、女性は非常に差別されていました。選挙一つ取っても女性には参政権が与えられていませんでした。でも当時はその状態が当たり前とされていたので、女性自身ですら差別されていることに気付いていなかったのです。それではただ呼吸しているのと同じだ、とらいてうは言います。生きている限り、行動しなければいけない、と女性たちに決起を促すのです。

二五歳の時、雑誌『青鞜』を創刊しますが、そこに寄稿した文章のタイトルが前述の「元始、女性は太陽であった」です。この言葉は日本の女性権利運動を象徴するものとして、とても有名になりました。今は「#MeToo運動」など、様々な運動が広がり、ネットでの発信も盛んです。実際のデモ行進に参加しなくても、ネットデモも可能ですから、おかしいと思ったら行動に移しましょう。

豆知識 平塚らいてう（1886〜1971）は思想家、フェミニストです。日本女子大学を卒業後、夏目漱石の弟子の森田草平と心中未遂事件を起こし、世間を騒がせました。その後、年下の画学生と籍を入れない結婚をして、2人の子どもをもうけるなど、世間に縛られない生き方を貫きました。婦人参政権など女性の権利拡大に貢献しています。

［生きる］

生きるということは
精神の奇妙な部屋のなかに
入ることである。

マルティン・ブーバー（『人間とは何か』）

この文章には「精神の奇妙な部屋」についての記述が続きます。「部屋の床は将棋盤になっていて、われわれはその上で、絶えず入れかわる——時にはびっくりするような相手も出てくる——敵を相手に、避けがたい未知の勝負を行なうのである」。面白い比喩ですね。

床が将棋盤になっている部屋があって、そこに入ると、次々と相手があらわれて、戦わなければなりません。

時には藤井聡太さんのように強い人が出てきて、完全に負けることもあります。たとえば最難関の入試に落ちるといった場合がそうですね。でもまたすぐ次の相手があらわれます。これはいいことでもあります。びっくりするような強い相手も出てくるし、それほどでもないこともあります。先が全く読めないところが、人生の興味深いところです。こんなふうに「生きる」ということを将棋盤で考えてみると、面白いでしょう。

（豆知識）マルティン・ブーバー（1878〜1965）はオーストリアで生まれたユダヤ系の宗教哲学者です。フランクフルト大学で教えていましたが、ナチスに追放され、エルサレムに移住します。対話を中心にした考え方が特徴です。

［若さ］

わたしの若さの源泉は、想像力です。
みなさんも想像力を枯らさないでください！

ターシャ・テューダー（『楽しみは創り出せるものよ』）

広大な庭で季節の花々を育て、九二歳まで生きた絵本作家、ターシャ・テューダーの言葉です。確かに子どもは想像力が豊かです。いろいろなことを想像して楽しんでいます。モンゴメリが生み出したヒロイン『赤毛のアン』も同じです。何を見ても想像してしまうのです。島の湖や窓辺に咲く花にまで、名前を付けてしまいます。何にでも名前を付けるのは、想像力のなせる技です。日々の暮らしを楽しくするには、想像力は欠かせないと、ターシャは言っています。そして "楽しい" という感情が "若さの源泉" になると言うのです。

小説を読むのもいいと思います。小説を読むと、様々なことを頭の中で想像します。活字からそのシーンの映像や登場人物の声を思い浮かべ、興奮できるのはすごい想像力です。文字という記号から頭にイメージを頭に想い描く「活字力」こそ、脳の若さを保つ秘訣です。

豆知識 ターシャ・テューダー（1915〜2008）はアメリカ・ボストンの名家に生まれた絵本作家、園芸家、人形作家です。23歳の時に絵本作家としてデビュー。57歳の時にバーモント州の山奥に広大な土地を求め、19世紀の開拓時代風の自給自足を始めました。美しい庭は今も季節の花々が咲き、多くの人々を惹きつけています。

［死］

私が存在する時には、
死は存在せず、
死が存在する時には、
私はもはや存在しない。

エピクロス（『メノイケウス宛の手紙』）

死とは不思議なものです。それ自体を体験することができません。自分が死ぬ時はもう認識できなくなっているので、死が存在するかは自分ではわからない。でも明らかに死は存在しています。そう考えると、自分という存在と、死は永遠に出会うことはないのです。

もちろん「死につつある時間」は認識できます。でもその時間はまだ生きている時間です。死の瞬間まで生きて生きている時間です。死が訪れた瞬間、すべてがわからなくなる。死に出会うことがないのなら、死を恐れることもないので、死の恐怖から自由に生きられるというわけです。

エピクロスは古代ギリシア時代の哲学者です。エピキュリアン（快楽主義）の語源となった人で、現実の不安やわずらわしさから逃れた生き方を追求しています。死を恐れるな、というのはいかにもエピクロスらしい考え方です。

（豆知識）エピクロス（紀元前341〜紀元前270）はヘレニズム時代の哲学者です。アテネに学園を開き、広く人々を教えました。『メノイケウス宛の手紙』は弟子と推測されるメノイケウスに倫理的な生き方を説いたものです。このほか『ヘロドトス宛の手紙』『ピュトクレス宛の手紙』の2通を残しています。

［死］

賢人ほど平静な心で、
愚かな人間ほど落ち着かぬ心で
死んでいく。

キケロ（『老年について』）

死そのものは辛いものでも、嫌なものでもないと、哲学者のキケロは言います。この言葉の後は、「より広くより遠くまで見わけのつく魂には、自分がより良い世界へと旅立つことが見えるのに、視力の鈍い魂にはそれが見えない」と続きます。つまり、賢い人は穏やかで落ち着いた死が迎えられます。実際には精神も肉体も、どんどん老いていきます。それを自分がより良い世界へ向かっているととらえる、ということです。

確かに三〇代より五〇代、五〇代よりも七〇代の方が、精神的に成熟し、判断力も増している人が多いです。「死というのは結構落ち着いていて、いいものだ」と思える人は賢人なのです。たとえば、『東京物語』をはじめ小津安二郎監督の映画にたくさん出た笠智衆のような感じでしょうか。彼は熟成して渋さと深みが加わり、老人になってさらに輝きを増した代表的な俳優です。

（豆知識）マルクス・トゥッリウス・キケロ（紀元前106〜紀元前43）は、ローマ市南東のアルピヌムの貴族の家に生まれました。共和政ローマ末期の政治家であり、弁護士、哲学者で、数々の著作を残しています。この言葉が所収される『老年について』は紀元前44年のもの。『友情について』とともに、キケロの珠玉の短編の一つです。

［死］

われ未だ生を知らず、焉んぞ死を知らんや。

孔子（『論語』）

　ある時、弟子の子路が孔子に「死とはなんですか」とたずねました。孔子は「私はまだ生きるということを知らない。それなのにどうして死がわかるだろうか」と答えました。

　さすが孔子ですね。私は高校時代に孔子のこの言葉を『論語』で見つけて、感心してしまいました。生きることがわからないのだから、死がわかるわけないだろう。死とはわからないものである、というのは孔子の素直な気持ちだと思います。

　私たちは死についてあまりに深く考え込み、迷宮に踏み込んでしまうことがあります。そんなことより、生きることに目を向ける方が大切だ、と孔子は言うわけです。孔子は「怪力乱神を語らず」（あやしげなことやオカルト的なことは語るべきではない）とも言っています。あまり抽象的な概念にふりまわされるのはいいことだと思っていなかったのです。

豆知識 孔子（紀元前552または551〜紀元前479）は中国の春秋時代に活躍した哲学者です。釈迦、キリスト、ソクラテスと並ぶ世界の四聖人。標題の言葉は、弟子の子路が鬼神に仕える方法を孔子に聞いたときの一連の問答の中に出てきた答えです。孔子と弟子とのやりとりを孔子の死後、弟子たちがまとめたものが『論語』になりました。

[死]

死は一種の救いかもしれないわ。

マリリン・モンロー(『ライフ』)

マリリン・モンローは女優としてハリウッドで大成功をおさめました。周囲から賞賛される存在だったのに、死が救いになるような辛さを抱えていたのでしょうか。彼女は不幸な生い立ちを背負い、大変な環境を生きてきました。金髪に染めていたという話もありますし、虚像と実像とのギャップやプレッシャーで苦しんでいたのかもしれません。生きることが辛いというのは、彼女の本心だったのでしょう。

森鷗外も、鷗外として出世した自分より、「森林太郎(鷗外の本名)として死せんと欲す」と言っています。人は多かれ少なかれ仮面をかぶって生きなければなりません。特に社会的に成功したり、有名になりすぎたりすると、ギャップに悩む人もいるでしょう。死によって生きる辛さから解き放たれるのは、そのギャップが大きすぎるからでしょう。

(豆知識) マリリン・モンロー(1926~62)はアメリカを代表する大女優ですが、私生活は波瀾に満ちていました。3度結婚し3度離婚。故ケネディ大統領とうわさになったこともあります。最後は睡眠剤の過剰摂取で亡くなりました。事故か、自殺か、または殺されたのか、謎を秘めたまま人生を終えました。この言葉は『ライフ』(1962年7月30日号)所収です。

［死］

死は、
私たちの賢い仲のよい兄弟であって、
潮時を心得ているのだから、
安心してそれを待っていればよいのだ。

ヘッセ（『郷愁』）

死とは何かというと、賢くて仲のよい自分の兄弟だとヘッセは言っています。その兄弟は、いつ死ぬのが一番いいのかを心得ていて、よいタイミングを見計らって、こちらに来てくれるというのです。だから安心して待っていればいい。そう言われると、ちょっと気が楽になりますね。死神が突然襲ってくるのは怖いですが、仲の良い兄弟である「死」は賢いので、「この辺で幕引きだよ」とちゃんと教えてくれるというのです。

人間は不老不死ではありません。それに、自分だけ不老不死になったとしたら、けっこうきついと思います。親しい人や子どもまでがみんな亡くなったら、生きていても寂しいだけです。その時が来るまで、安心して死を待てばいいということです。世界最古の物語『ギルガメシュ王ものがたり』では、王は不老不死を求めるもかなわず、都市の人々に希望を見出し、亡くなります。

（豆知識）ヘルマン・カール・ヘッセ（1877〜1962）はドイツ生まれのスイスの作家です。両親はキリスト教伝道者。『郷愁』は27歳の時に発表した、デビュー作です。初老の独身男性の半生を描いたこの作品で脚光を浴び、有名作家の仲間入りをしました。1946年には、ノーベル文学賞を受賞しています。

［死］

今日死を決するの安心は
四時の順環に於て得る所あり。
（略）十歳にして死する者は十歳中自ら四時あり。
（略）三十は自ら三十の四時あり。

吉田松陰（「留魂録」）

幕末の思想家吉田松陰が、処刑される直前に同志たちに書き残した、「留魂録」の中の言葉です。死を前にして平穏な心持ちでいられるのは、春夏秋冬という四季の巡りのことを考えたからだ、と言っています。〃四時〃とは春夏秋冬のことです。たとえば「人生八〇年」と思えば、最初の二〇年が春。次の二〇年、四〇歳までは夏。四〇歳から六〇歳が秋で、六〇歳以降は冬というように、四季を思い描くのではないでしょうか。しかし松陰は、一〇歳には一〇歳なりの春夏秋冬があるはずだと言っています。そして、自分は三〇歳で亡くなるけれども、その短い人生にも春夏秋冬があったのである、やはり花や実を残したのだと納得しています。最後に「身はたとひ武蔵の野辺に朽ちぬとも留め置かまし大和魂」という辞世の歌を残しています。武士である松陰は、いつ死んでも大丈夫なように準備し覚悟を決めて生きてきたのです。

（豆知識）吉田松陰（1830〜59）は江戸時代後期に長州藩士の子として生まれました。9歳の時から藩校で山鹿流兵学を教授するなど、俊才ぶりを発揮。1854年、ペリー来航の際に密航を企てて失敗。生家に幽閉されると松下村塾を開き、高杉晋作、伊藤博文ら尊王攘夷運動の指導者を輩出しました。安政の大獄で刑死しています。

［金］

金は良い召使でもあるが、悪い主人でもある。

ベンジャミン・フランクリン

お金はうまく使えば世の中や自分のために
とても役に立ちますが、お金の奴隷になると、
どんな悪事でもする人間になってしまいます。
「お金で人生が狂った」とか「お金で人が変
わってしまった」という話はよく聞きます。
人殺しさえ起きてしまいます。使い方次第で、
人を悪魔にも天使にもするわけです。

フランクリンは「アメリカ資本主義の父」
と呼ばれた人です。政治家であると同時に物
理学者、気象学者でもありました。凧をつか
った雷の実験は有名ですね。"Time is money."
という言葉も、フランクリンが使って有名に
なりました。福沢諭吉もその言葉を額に飾っ
ておいたそうです。フランクリンは『フラン
クリン自伝』を書いています。一三の徳目を
あげて、それぞれ「一節制」「二沈黙」「三規
律」「四決断」「五節約」などとし、一週間ご
とに一つの徳目を実行して、徳を身につける
トレーニングをしたそうです。

豆知識 ベンジャミン・フランクリン（1706〜90）はアメリカの政治家、物理学者、気象学者、実業家です。実業家や政治家として成功するかたわら、ボランティア活動に熱心に取り組むなど模範的な人物として尊敬を集めています。また雷が電気の放電であることをつきとめるなど科学技術にも貢献しています。

［金］

お金は、人間の抽象的な幸福です。
だから、もはや、具体的に幸福を
楽しむ能力のなくなった人は、
その心を全部、お金にかけるのです。

ショーペンハウアー（「心理学的覚え書」）

お金の概念は抽象的です。一万円札は透かしが入ったただの紙ですし、預金通帳も数字の羅列にすぎません。「お金がたくさんあるから幸福だ」と言われても、その幸福は抽象的なものにすぎず、具体的な幸福にはかないません。私の祖父は釣りが大好きでした。よく川に釣りに出かけ、丸一日、川で過ごしていたものです。釣りをしている時の祖父は幸福そのものでした。お金がなくても、釣りをしていれば十分幸せでいることができたのです。私は子どもの頃、河原でいい石を見つけると、本当にうれしく、石集めをしていました。具体的な幸福があれば、お金がなくても気になりません。そうした具体的な幸福が見つけられない人が、お金に執着するのです。ショーペンハウアーはドイツの哲学者です。私たちが認識しているのは世界の表象にすぎず、根底には意志としての世界があるという厭世的な哲学を説いた人です。

豆知識 アルトゥール・ショーペンハウアー（1788〜1860）はドイツの哲学者です。裕福な商人である父と作家の母のもとに生まれ、高い教育を受けます。父の死により学者になる道を選択。半生をかけて執筆した『意志と表象としての世界』が有名です。東洋哲学をとりいれた厭世観が哲学者ニーチェに大きな影響を与えました。

［収入］

収入は靴のようなものである。
小さすぎればわれわれを締めつけ、わずらわす。
大きすぎればつまずきや
踏み外しの原因となるのだ。

ジョン・ロック

この〝収入は靴〟のように、ひと言のイメージでとらえるのが定義の面白さです。収入は少なすぎると苦しいものですが、多すぎもつまずきや踏み外しの原因になると言っています。うまいことを言いますね。思いもかけない多額の収入が入った時、きちんとした知識もないのにFXとか暗号資産（仮想通貨）に手を出したら、失敗して全部なくしてしまったという話をよく聞きます。

また収入が急に増えて気が大きくなり、散財してしまったり、遊びを覚えて止まらなくなってしまったりしたケースもあります。ほどどがいいのかもしれませんね。私の知人は「うちは兄弟が仲良くてね、なぜなら遺産がないから」と言っていました。骨肉の争いをすることがないので、仲がいい。「いやあ、いい親だったな」ということです。

（豆知識）ジョン・ロック（1632〜1704）は17世紀のイギリスの哲学者です。「人は生まれたときには、何も書いていない板のように何も知らない。成長し経験を重ねることで、知識を得ていくのだ」と主張し、イギリス経験論の父とも呼ばれます。『人間知性論』『市民政府論』などの著書で知られています。

［贅沢］

ほんとうの贅沢というものは、
たったひとつしかない。
それは、人間関係に恵まれることだ。

サン＝テグジュペリ（『人間の土地』）

〝人間関係に恵まれるのは、最高の贅沢なのだ〟という言葉は、年齢を重ねるごとに身に沁みてきます。これは、サン＝テグジュペリが郵便飛行士としての経験をつづった『人間の土地』という本の言葉です。仕事とはいえ、一人きりで孤独に夜空を飛んでいる時、人間関係がことのほか愛おしく思えてくるのです。

この本には「僚友」という項目があり、アンデス山中に遭難した仲間を命がけで助けにいく話も出てきます。たくさんの思い出と、共に生きてきた困難な時間で培われた友情は、何ものにも代えがたいと言っています。

伊坂幸太郎の『砂漠』という小説にも、この言葉は引用されています。それは卒業式の学長の祝辞として語られます。大学時代を共に過ごし、すったもんだしながら遊んだ仲間たちが、この言葉を聞いていたく感動するという話です。贅沢というのは、意外にお金がかからないのかもしれません。

豆知識 アントワーヌ・ド・サン＝テグジュペリ（1900〜44）はフランスの作家で飛行家。『人間の土地』は1939年の出版。飛行機の黎明期、郵便飛行士として活躍した経験をもとに、極限の状態から生還した話や、人間らしい生き方についての考察などが綴られたエッセイ集です。この文章は、『サン＝テグジュペリ　星の言葉』（齋藤孝選・訳・だいわ文庫）所収。

［貧乏］

貧乏は、自然の目的（快）によって測れば、
大きな富である。
これに反し、限界のない富は、
大きな貧乏である。

エピクロス（「断片」『エピクロス──教説と手紙』）

私たちが「貧乏」だと思っている状態でも、最低限の基準からみれば、十分満たされている、というのが、古代ギリシャの哲学者エピクロスの定義です。確かに、ボロボロの家でも、屋根があって雨風が防げ、ふとんで寝られるのはありがたいことですし、空腹だからこそ食事はありがたくおいしくいただけます。

そういう意味ではけっこう大きな富があるわけです。鎌倉時代に書かれた鴨長明の『方丈記』には、たったひと間の方丈で暮らす豊かさがつづられています。

一方、富はいくらあっても上限はないので、いつも足りない気がします。まだ欲しい、まだ足りないと思っているなら、貧乏と同じです。老子が言う「知足」すなわち「足るを知る」生き方が満たされた生活で、「足るを知らない」のは貧しい生き方です。貧乏かどうかは、財産やお金の多寡ではなく、とらえ方の問題というわけです。

（豆知識）エピクロス（紀元前341〜紀元前270）は古代ギリシャの哲学者。人生の幸福を目的とした哲学なので、快楽主義と言われています。アテネで弟子たちと共に共同生活を送る学園「エピクロスの園」をつくり、本人の死後も長く継承されました。著作はほとんど残っていませんが、エピクロスに関する評伝や断片が残されています。

貧乏とはするもんじゃありません。味わうものですな。

古今亭志ん生

私は落語家志ん生の『なめくじ艦隊』などに出てくる貧乏話が好きです。家賃も敷金もいらないというので移り住んだ長屋には、一五センチぐらいのなめくじが列をなして現れます。壁一面になめくじのはった跡が銀色に光っていたそうですから、それはすさまじい光景です。貧乏ならではの面白さ、おかしみを志ん生はしっかりととらえているのです。

江戸時代はたいていの人が貧乏でした。宵越しの銭は〝持てない〟状態でツケで生活し、大晦日に払うというギリギリの生活です。それでなんとかなっているのですから、優しいといえば優しい社会です。落語の舞台は、そういう江戸の情緒を残した世界なので、貧乏の良さもわかるのだと思います。

私自身も、大学に就職する前に貧乏な時代がかなり続きました。そういう意味では貧乏を味わった側の人間です。ついには『〈貧乏〉のススメ』という本まで出してしまいました。

豆知識 5代目古今亭志ん生本名美濃部孝蔵（1890〜1973）は東京・神田の生まれ。生家は徳川の直参旗本でした。素行が悪く家出をした後に落語家を志します。31歳で金原亭馬きんとして真打に昇進。49歳で5代目古今亭志ん生を襲名。天衣無縫、八方破れと言われる芸風と生活で、昭和を代表する不世出の落語家と言われています。

［失敗］

人の世に失敗ちゅうことはありゃせんぞ。

坂本竜馬（司馬遼太郎『竜馬がゆく』）

坂本竜馬は土佐藩を脱藩し、神戸海軍塾の塾頭を務めていたものの、塾を作った勝海舟が軍艦奉行を罷免され計画が頓挫してしまいます。失敗と言えば失敗かもしれませんが、そんな小さなことは気にせずに、どんどん次に進んでいきます。何かでつまずいたとしても、その後の身の振り方によって失敗にはならないということです。

内田百閒の本のタイトルにもなっている"一病息災"という言葉があります。一つ病気があると、健康全般に気をつけるようになるので、元気でいられるという意味です。大病をしたことで健康に気遣うようになり長生きしたとか、倒産したおかげで経営のコツを学び、ビジネスで大成功したとか、受験を失敗したことで、人生を幅広く見られるようになり人格と教養が深まったとか。失敗を活かすメンタルの強さがあれば、人生に失敗はないという話です。

（豆知識）司馬遼太郎（1923〜96）が書いた長編時代小説『竜馬がゆく』（文春文庫）は幕末の志士坂本竜馬について書いたものです。フィクションを含めた歴史小説で、その後の坂本竜馬像に大きな影響を与えました。執筆にあたり司馬遼太郎は、神田の古本屋街でワゴン車一台分の古書を購入したと言われています。

勝者とは、納得がいくまで戦い続ける人のこと。

ビリー・ジーン・キング

ビリー・ジーン・キングは二〇世紀後半に女子テニス界に君臨したプレーヤーです。どこまでも戦い続ける人が勝者であると言っています。三浦知良選手も五〇歳を超えてもなおサッカー選手を続けています。現役プレーヤーとして無理ではないか、スポンサーの意向で採用されているだけではないかなど、いろいろ言う人もいるかもしれません。しかし、自分の納得のいくまで戦う、というスタンスでやり続けることで彼は勝者であり、おかげでサッカーの選手寿命も延びています。

負けても負けても戦い続ける人が勝者なら、売れない小説を書き続けて、自分は作家だというプライドを持って亡くなる人も勝者です。画家のゴッホも生前はほとんど絵が売れませんでした。弟に絵の具などの画材やお金を送ってもらい、売れない中で亡くなります。今では天才画家と言われますが、戦い続けたことですでに勝者だったわけです。

豆知識 ビリー・ジーン・キング（1943〜）はカリフォルニア州ロングビーチ出身の女子テニス選手です。1972年には全仏オープンをはじめとする世界四大大会すべてに優勝する「キャリア・グランドスラム」を達成し世界的な名声を得ました。女子テニス協会を設立して男女平等を訴え、あらゆる人種がテニス大会に出られるよう尽力しました。

［勝負］

勝ちに不思議な勝ちあり、
負けに不思議な負けなし。

松浦静山（『常静子剣談』）

この言葉はプロ野球の野村克也元監督の座右の銘として有名になりましたが、もともとは肥前国藩主で心形刀流剣術の達人でもあった松浦静山の剣術書『常静子剣談』の中の言葉です。「偶然、ラッキーなことが起きて勝つことはある。でもアンラッキーで負けるということはないのだ」ということです。負けた時には必ず理由があります。ですから自分の負けを「不運だった。ツイてなかったのだから仕方がない」と納得してはいけないのです。

私も昔テストでよくない点を取った時には、「いや、これは問題がよくなかった」という風に言っていました。しかしそんな時期は、成績が全く伸びませんでした。欠点や弱点をきちんと分析・検討して把握し、冷静に修正していく思考習慣を身につけることが大事なのです。

豆知識 松浦清（静山は号、1760〜1841）は肥前国（現在の佐賀県と壱岐・対馬を除く長崎県）平戸藩の第9代藩主です。家督を譲って隠居した後、執筆に専念。随筆集『甲子夜話』は20年間にわたり書き続けられ、正篇100巻、続篇100巻、第3篇78巻にも及ぶ大作です。

[運]

運・不運はナイフのようなものだ。
その刃をにぎるか柄をにぎるかで、
われわれを傷つけたり、
役にたったりする。

ローウェル（『わが書物について』）

ローウェルはアメリカの詩人です。運・不運について、詩人らしくナイフにたとえたユニークな表現をしています。ナイフの刃のほうをぎゅっと握ってしまうと怪我をしますが、柄の方を握れば、切る道具として便利に使えます。同じナイフなのに、どちらを握るかによって、結果が全く違ってしまう。「運とは何か」と聞かれたら、「そっちを握ってはダメ！という方を握らないこと」とローウェルは言うのです。私たちも運、不運はナイフ、と覚えておくといいでしょう。

たとえば、詐欺の電話がかかってきたとします。柄の方を握る人は、すぐに信用しないで「かけ直します」と言って電話を切るでしょう。でも刃を握る人はあわてて「すぐ振り込みます」と銀行に走ってしまいます。「これは柄なのか、刃なのか」と考えるくせをつけておくと、「そっちを握ってはダメ！」という方、つまり不運をつかまないですみます。

（豆知識） ジェイムズ・ラッセル・ローウェル（1819～91）はアメリカのロマン主義の詩人であり、外交官でもありました。妻の影響で、奴隷解放を唱え、詩を書くことによって奴隷制度廃止を訴えました。スペイン、イギリス大使を務めています。

［運命］

運命はどこかよそからやってくるものではなく、
自分の心の中で成長するものである。

ヘッセ（『クラインとワーグナー』）

「この人は運命の人だ！」と思うことがあります。それなのに、しばらくたつと、また別の人に「運命」を感じたりします。そんなことを繰り返しているうちに、そういえばこれまで「運命の人」だと思った人が三人いたな、などということになっているものです。つまり「運命の人」は運命待ちをしている人のところにあらわれる、というわけです。

運命を待っているから、なんとなく「この人いいな」と思う程度でも、「運命の人」になってしまいます。私は高校生の頃、最高裁の裁判官になるのが夢でした。裁判官になるのが自分の運命だと思い、東大の法学部に入ってみたのですが、実際には法律に全く向いていないことがわかりました。「裁判官になる」のは運命でも何でもなく、ただ自分の中で勝手に盛り上がっていた思い込みでした。運命とはそれくらいあやふやなものです。

豆知識　ヘルマン・カール・ヘッセ（1877〜1962）はドイツ出身のスイスの作家で、ノーベル文学賞を受賞しています。人間の内面に迫る繊細な文体が特徴です。主な著書に『車輪の下』『デミアン』などがあります。

［不可能］

不可能とは、
自分の力で世界を切り開くことを放棄した、
臆病者の言葉だ。

モハメド・アリ

プロボクサーだったモハメド・アリらしい定義です。アリは続けて「不可能とは、現状に甘んじるための言い訳にすぎない。不可能とは、事実ですらなく、単なる先入観だ。不可能とは、誰かに決めつけられることではない。不可能とは、可能性だ。不可能とは、通過点だ。不可能なんて、ありえない」と言います。不可能についてどんどん言葉を重ねていく、その頭の良さは、「蝶のように舞い、蜂のように刺す」彼のプレースタイルそのものです。

似たことを孔子が論語で言っています。孔子の弟子が「先生の言葉はもっともですが、実際にやるのは難しいです」と言った時、孔子は「今女は画れり」と叱ったのです。「画れり」は自分で線を引いて限界を決めること。「難しいというのは倒れるぐらいまでやり切った人間の言うことだ。やりもしないうちから難しいと言うのはおかしい」と戒めました。

豆知識 モハメド・アリ本名カシアス・マーセラス・クレイ・ジュニア（1942〜2016）はケンタッキー州出身のプロボクサー。アフリカ系アメリカ人、イングランドとアイルランドの血も引く。元WBA・WBC統一世界ヘビー級チャンピオン。ローマオリンピックで金メダルを獲得した後、プロに転向しています。

［習慣］

習慣は人間の守護神(ダイモン)である。

ヘラクレイトス

習慣があると、人間を守ってくれるとギリシャの哲学者ヘラクレイトスは言います。

我々にもし守護神がいるとすると、習慣である、と言っているわけです。素晴らしい励ましの言葉ですね。私たちは毎朝気がつくと、電車に乗って学校や会社に向かっています。これも習慣です。習慣によっていろいろなことができています。朝、大きな声で挨拶するのが習慣になっている人は、それだけで〝大丈夫な人〟とみなされます。大きな声で挨拶するという習慣があるだけで守られているわけです。

良い習慣さえ身につけておけば、守護霊のように自分自身を守ってくれます。今、いい習慣をもっていなくても大丈夫です。「これはいい習慣だからやってみよう」というものを見つけて、一つ一つ習慣化していく。そうすれば、行動が人間を変えるので、人格も変わります。

(豆知識) ヘラクレイトス（紀元前540ごろ〜紀元前480ごろ）は古代ギリシャの哲学者。「万物は流転している」が彼の言葉として伝わっています。すべては生成流転していますが、ロゴス（理法）によって統一されるとしています。民主制を否定し、厭世的な生涯を送りました。著作は存在せず、断片だけが伝わっています。

習慣という怪物は、
悪い行いに対する感覚を食べつくしてしまうが、
反面、天使でもある。
善い行いに美しい服を着せて、
しっくりと体になじませてくれるのだ。

シェイクスピア（『ハムレット』）

悪い習慣を身につければ、悪い方向に行ってしまうし、良い習慣をつければ、良い人間になると、シェイクスピアは言っています。確かに環境や習慣は人を変えてしまいます。

私は『聖なる犯罪者』というポーランド映画を見たことがあります。主人公はかつて殺人を犯した犯罪者ですが、仮釈放されたあと、神父だと偽ってある村に住み着きます。すると本当に人々に慕われる聖職者のようになってしまうのです。神父の服を着て、人々を説教する習慣を身につけるうちに、人間が変わってしまったのです。この話は実話だといいますから驚きです。

頼りなく見える人でも、責任ある立場に立つとだんだんしっかりしてくる例はよくありますね。人間を良くするのも悪くするのも、習慣の影響が大きいのです。

豆知識 ウィリアム・シェイクスピア（1564〜1616）はイギリスの劇作家。『ハムレット』は彼の代表作です。習慣に関するこの言葉は、第3幕第4場で、亡くなった父王の弟と結婚した母親の王妃に対してハムレットが言うせりふです。父王を毒殺し国王となった弟（つまりハムレットの叔父）と節操なく結婚した母王妃を断罪しています。

［習慣］

考えは言葉となり、
言葉は行動となり、
行動は習慣となり、
習慣は人格となり、
人格は運命となる。

作者不詳

この言葉は広まっていますので、聞いたこ
とがあるかもしれませんね。大変見事なロジ
ックで、考え、言葉、行動、習慣、人格、運
命というものが並んで、おとぎ話の「わらし
べ長者」のようにつながっていきます。わら
しべ長者は貧乏な男が手に持った藁をみかん、
反物、馬、屋敷と順に物々交換していき、大
金持ちになる話です。

この標題では藁の代わりに、ぼんやりとし
た考えが与えられます。その考えが明確にな
って言葉になります。言葉を発することでし
っかりした意思となり、では行動しようとな
る。行動が積み重なると、それが当たり前と
なり、習慣になる。その習慣が束になって人
格になる。そして人格が運命を引き寄せると
いうことです。人格とはもって生まれたもの
ではなく、行動習慣の束なのだという考え方
は面白いし納得できます。良い考えは良い運
命を招くということです。

豆知識 この言葉は、ヒンズー教の教え、アメリカの心理学者、ウィリアム・ジェームズ、
イギリス元首相のサッチャーの言葉、中国のことわざであるなど様々な説があります。
「わらしべ長者」は『今昔物語集』や『宇治拾遺物語』に原話が見られるおとぎ話です。

我々の人生というものは
死から融通してきた借金のようなものだとも
考えられよう、——そうすると睡眠は
この借金に対して日ごとに支払われる
利子だということになる。

ショーペンハウアー（『自殺について』）

ショーペンハウアーによると、人生は死神から借りてきたもの。八〇歳まで生きるなら、八〇年という時間を借りて生きることになります。その借金に対して、睡眠が利子であるという発想が面白いですね。確かに私たちは八〇年の時間を借りても、丸々使えるわけではありません。眠っている時間が含まれています。寝ている時は活動できないので、死んでいるのに近い状態です。その部分は死神に取られている、つまり利子というわけで、必ず払わなければいけません。払わないと怖い人、病気がやってきます。

確かに利子を払うことは大切だと思いました。利子の高さは人によって違います。利子が軽いショートスリーパーの人もいますし、私のように利子が高いロングスリーパーもいます。人それぞれですが、いずれにせよ、人は誰でも、必ず、睡眠という利子を払わなければなりません。睡眠不足は「睡眠負債」です。

豆知識 アルトゥール・ショーペンハウアー（1788〜1860）はドイツの哲学者。厭世的な思想を特徴とします。『自殺について』は晩年に書かれた『余録と補遺』の中から自殺に関する論考を集めて邦訳したものです。生きる意味や人生について、死とは何かなどが哲学者独自の視点で考察されています。

［遍歴の騎士］

遍歴の騎士という者には、
いかなる負傷も、たとえその傷口から
内臓がはみ出したところで、
一切それについて泣き言を言うことは
許されていないのだ。

セルバンテス（『ドン・キホーテ』）

この言葉をとりあげたのは、「遍歴の騎士」の定義を知っていただきたかったわけではなく、『ドン・キホーテ』の魅力を見直してもらいたかったからです。今は店の名前として、知れ渡ってしまいましたが、セルバンテスが書いた『ドン・キホーテ』もぜひお読みになってください。人生を楽しく生きる上で示唆にあふれた物語です。冒頭の言葉はドン・キホーテが風車を巨人だと思い込んで突入し、怪我をした場面です。「あれはただの風車ですよ」と言う従者のサンチョに、「巨人が風車に変えさせられたのだ」と言うのです。

こういう解釈をすれば、もう無敵です。村娘は姫が変えさせられたものだし、金だらいも由緒ある兜になります。自由自在の生き方をしていて、周りも振り回されるのですが、迷惑をかける度合いの加減がちょうどいいので、周りも楽しめる。こんな自在な生き方ができれば、本人も周りも楽しいですね。

豆知識 ミゲル・デ・セルバンテス（1547〜1616）はスペインの作家。波乱に富んだ人生を送っています。『ドン・キホーテ』は騎士道の物語を読みすぎて、妄想にとりつかれた男が、自らを騎士と名乗り、農夫のサンチョを従者に、憧れの姫君ドルシネアに会うための冒険の旅に出る物語です。

時間と歴史

すべてのこれまでの社会の歴史は、階級闘争の歴史である。

マルクス／エンゲルス（『共産党宣言』）

有名な言葉です。階級闘争がすべての歴史ではないだろう、と思う人もいるでしょう。でも定義というのは一〇〇パーセントそうでなくてもかまいません。ほかの見方もあるでしょうが、階級闘争である、という見方で眺めてみると、新たな一面がみえてくる。それが定義の面白さです。そこで階級闘争という視点から歴史を眺めてみると、確かにいろいろな階級が生まれたり、階級同士が軋轢を生んだりして、権力がひっくり返されてきました。歴史は階級闘争である、という見方もできるとわかります。現在も格差がありますが、昔と比べると階級闘争がやりにくくなっています。しかし、やれないわけではありません。

私は大学の卒業生が非常勤講師をやっていて理不尽な雇止めになりそうな時、訴訟準備等様々な助言をしました。すると訴訟の前段階で、雇止めが撤回されました。小さな歴史ですが、階級闘争の歴史はくり返されています。

（豆知識）カール・マルクス（1818〜83）はドイツの哲学者、経済学者。フリードリヒ・エンゲルス（1820〜95）はドイツの思想家、実業家。『共産党宣言』は二人によって、共産主義の目的と方法について書かれたもので、「ヨーロッパに幽霊が出る——共産主義という幽霊である」という有名な一文で始まっています。

［歴史］

すべての偉大な世界史的事実と
世界史的人物はいわば二度現れる。
一度目は偉大な悲劇として、
もう一度はみじめな笑劇として。

マルクス（『ルイ・ボナパルトのブリュメール 18 日』）

ドイツの哲学者カール・マルクスのこの言葉は『ルイ・ボナパルトのブリュメール 18 日』第一章の冒頭、ヘーゲルの言葉として紹介されています。それが意訳されて、今は「歴史は繰り返す。一度目は悲劇として、二度目は喜劇として」とされたものが有名になっています。

人間は本来は歴史から学ぶべきです。そうすれば世の中はよくなっていくはずです。

しかし近代でいえば、第一次世界大戦があって、そこから学びきれずに第二次世界大戦が起き、それが終わってもまたロシアがウクライナに侵攻しています。全く学びの形跡が見えません。歴史は繰り返すものであり、悲惨なことは、一度目は悲劇ですが、二度目になるともはや「みじめな」喜劇になってしまう。

歴史から学ばなすぎるからみじめな繰り返しになってしまう。マルクスは歴史を階級闘争の繰り返しと見ています。そういう歴史観がこの言葉を生み出したのだと思います。

豆知識『ルイ・ボナパルトのブリュメール 18 日』はドイツの経済学者のカール・マルクス（1818〜83）によって書かれたルポ風の作品です。1851年に起きたナポレオンの甥であるルイ・ナポレオンの18日間のクーデターについて、なぜ彼が皇帝の地位を手に入れられたかなど過去の革命も含め考察しています。

時間とは最高の殺人者である。

アガサ・クリスティ

ミステリー作家のアガサ・クリスティは、数々の作品において、殺人の方法、シチュエーションなど工夫を重ねています。その彼女が、最高の殺人者は誰かというと、時間であると言っています。確かに時間がたてば、誰もが死んでしまいます。ミステリー作家ならではの、面白い言葉ですね。その殺人、つまり死が、すぐに行われるのか、ずっと先の話なのかは分かりませんが、要はその間の過ごし方が大事です。有意義な時間を長く感じられたらいいのではないでしょうか。ミヒャエル・エンデの作品『モモ』には、時間泥棒が出てきます。時間がないと言っていますが、結局なくしているのは自分なのだという話です。私の経験では、たとえば一時間半の中にアクティブなことを何個か詰め込んでやっていると、時間が長く感じられ、人生が納得のいくものに思えてきます。時間という殺人者を遠くに追いやる、良い方法だと思います。

豆知識 アガサ・メアリ・クラリッサ・クリスティ（1890〜1976）は、イギリスの作家です。『アクロイド殺し』を発表してからほどなく、有名な失踪事件を起こしています。警察を動員しての大捜索が行われた結果、保養地のホテルに宿泊していたところを発見されました。ミステリー作家らしい謎の失踪でした。

［時間］

時間こそ最も稀少で価値のある資源である。

ドラッカー（『経営者の条件』）

時間は誰もが平等に持っていますが、一日は二四時間しかないので限界があります。経営者は、収益が上がればお金はどんどん増えます。でも時間は増えません。人生という持ち時間も、増えることはありません。自分の時間には限界があり、その稀少性は切実です。

ドラッカーは『経営者の条件』で次のように言っています。「成果をあげる者は仕事からスタートしない。時間からスタートする。計画からもスタートしない。時間が何にとられているかを明らかにすることからスタートする。次に時間を管理すべく、時間に対する非生産的な要求を退ける。そして最後にそうして得られた自由になる時間を大きくまとめる」。

思い当たるのは会議の時間です。やたらと長く、何も生み出さない会議は稀少で価値ある資源を無駄遣いしています。私の職場では、メール会議を随時導入したところ好評でした。賢い時間管理こそ資源の有効利用です。

豆知識 ピーター・ファーディナンド・ドラッカー（1909〜2005）はアメリカの経営学者で、「マネジメントの父」。マネジメントには、目標設定、組織化する力、コミュニケーション力、評価測定、問題解決能力の5つの要素が必要とされています。

時は金なり。(Time is Money.)

ベンジャミン・フランクリン

これはアメリカの政治家ベンジャミン・フランクリンの有名な言葉です。もともとはイギリスのホイッグ党という政党の人が使ったようです。労働によって一日一〇シリング稼ぐ人がいたとして、一日の半分を遊んで暮らすと、一〇シリングの半分の五シリングは捨てているに等しくなります。だから時間は貴重である、というわけです。これは資本主義の精神そのものです。

ドイツの哲学者マックス・ウェーバーが『プロテスタンティズムの倫理と資本主義の精神』という本の中で、資本主義の精神を持っている代表的な人物としてフランクリンをあげているのもうなずけます。禁欲と節制を重んじるプロテスタントの国々で、なぜ資本主義が発達したか。無駄を省いて勤勉に働き、禁欲的生活をすることで資本が蓄積された、ということです。

(豆知識) ベンジャミン・フランクリン(1706〜90)はアメリカの政治家、物理学者、気象学者。"Time Is Money"は1748年、ジョージ・フィッシャーが出版した"The American Instructor: or Young Man's Best Companion"でフランクリンの言葉として紹介された格言です。

［未来］

未来とは、今である。

マーガレット・ミード

未来とはと言われると、「これから先にあるものだ」と私たちは考えがちです。しかし、文化人類学者のマーガレット・ミードは「未来というのは、今この瞬間なのだ」と言い切っています。「一年後、一〇年後の未来を考えてみよう」と言われますが、それは単に想像で実際に訪れてくる未来ではありません。今という時間がないと、未来は生まれないわけです。

たとえば〝来週、初めての人と会う〟という未来を、今決めなければいけないとします。そこで会うことを選択したら、未来の自分はその人と結婚していたということだってあり得るわけです。ですから今が、未来をつくるその時なのです。すると、今という時間が貴重に思えてくるのではないでしょうか。人間は運命に翻弄されるだけの存在ではなく、〝今、何をするか〟を選択することで未来をつくっていく存在でもあるのです。

(豆知識) マーガレット・ミード（1901〜78）はアメリカ合衆国ペンシルベニア州フィラデルフィア出身。20世紀のアメリカを代表する文化人類学者の一人。多くのフィールドワークをこなし、特にオセアニア地域の先住民族に関し精力的な研究を行った。

伝説というのは、
過去の業績にしがみついている
老人のことだろ。
オレは今でも現役だ。

マイルス・デイヴィス

伝説とは何かという時に〝過去の業績にしがみついている老人のこと〟と言い切るのはかっこいいですね。ジャズトランペッターのマイルス自身はどうかというと、今でも現役で、現在進行形なのだと言っています。マイルスはその時期その時期で、過去にこだわらず、独自に音楽のスタイルを変えていった人です。モードジャズの先頭を切って、モダンジャズ屈指の傑作アルバム『カインド・オブ・ブルー』を大ヒットさせても、それにしがみつかず、ジャズにロックの要素を融合させたフュージョンに挑戦するなど、新しいものを取り込んでいきました。

カリスマとか伝説などと言われ始めると威張った感じが沁みついてきて、しゃべり方も何となく横柄になる人がいます。そうなると成長しません。いくつになっても、マイルスのように「オレは現役だ」と言い続けたいものです。

［戦争］

戦争は人間対人間の関係ではなくて、国家対国家の関係なのである。

ルソー（『社会契約論』）

戦争はあくまで国と国の関係であって、個人対個人の関係ではありません。童話作家の小川未明に『野ばら』という作品があります。ある国の国境をはさんで、老人と青年が国を守っています。老人は大きい国の兵士、青年は小さい国の兵士です。毎日顔を合わせるうちに二人は仲良くなりますが、戦争が始まってしまいます。老人は青年に自分は少佐だから、殺して手柄にするように言います。しかし青年はそれを拒み、遠くの戦地に行ってしまいます。やがて戦争は終わり、青年の国は負けて、青年は戻ってきません。

ある日、老人がうたた寝をしていると、馬に乗った立派な青年が軍隊を率いてやってきて、老人に敬礼し、二人が大切にしていた野ばらの香りを嗅いで去っていきます。老人がめざめると夢だったとわかる童話です。戦争は絶対にいけませんね。戦争の犠牲になるのは個人ばかり。

（豆知識）フランスで活躍した哲学者、思想家のルソー（1712～78）は多くの著作を残しており、その中の一冊『社会契約論』は、政府の役割について記しています。政府は人々との契約によってつくられ、人々の権利を守ることが政府の役割であるとしています。この思想は民主的な政治のあり方に大きな影響を与えました。

［戦争］

戦争は、
敵を我々の意志に屈伏させるための
暴力行為である。

クラウゼヴィッツ（『戦争論』）

プロイセン王国の軍人だったクラウゼヴィッツは戦争に関する著作をたくさん残しています。中でも『戦争論』は有名です。その中で戦争について、相手を自分たちの意志に屈伏させること、そのための暴力行為であると定義しています。また戦争は目的ではなく手段であるとも言っています。ある意志を持って相手に言うことをきかせるのが政治だとすると、その目的を達成する手段として使われるのが戦争です。まさにウクライナに侵攻したロシアのやり方がその典型です。

一方、ドイツの社会学者ノルベルト・エリアスが書いた『文明化の過程』という本によると、文明とはマナーがよくなる歴史だそうです。出会った異民族を手当たり次第殺していた野蛮な時代から、だんだん文明が進歩して、法が整備され、礼儀が生まれました。暴力的な行為がまだむき出しの状態は、文明化が遅れている、とみていいのかもしれませんね。

豆知識 カール・フォン・クラウゼヴィッツ（1780〜1831）はプロイセン王国（ドイツの北部）の軍人、軍事学者です。ナポレオン戦争ではプロイセンの将校としてナポレオンと戦いました。戦争は政治と密接にかかわりがあり、政治の延長であるという見方が戦争に対する考え方に一石を投じています。

［敗戦］

敗戦とは、
自分は負けてしまったと思う
戦いのことである。

サルトル

第二次世界大戦の時、パリはドイツに占領されたことがありますが、地下では激しいレジスタンス運動が行われました。負けを認めないで抵抗をしているうちは敗戦ではないのです。二〇二二年のロシアによるウクライナ侵攻も、ウクライナが負けを認めない限りは敗戦になりません。

ラグビーのように、戦いが終わり、和解して健闘をたたえ合うノーサイドの状況となった時は、敗者も勝者もなくなってしまいます。

将棋の感想戦がそんな感じです。「この手はこの方がよかった」「ここがポイントでした」など、棋士同士で試合を振り返ります。将棋を指した記録を棋譜と言いますが、二人の棋士が真剣に作り上げる作品だと言ったりします。勝負を作品と考える時、勝者も敗者もないことになります。

（豆知識）ジャン＝ポール・サルトル（1905〜80）はフランスの哲学者、小説家。第二次世界大戦中に『存在と無』を出版し、「実存は本質に先立つ」と主張しました。彼の実存主義は戦後世界を席巻しました。パートナーであるシモーヌ・ド・ボーヴォワールとの結婚の枠にとらわれない関係も注目されています。

革命は熟せば自然と落ちる林檎ではない。あなた自身が落とすのだ。

チェ・ゲバラ

チェ・ゲバラはキューバ革命を成功させた指導者の一人です。キューバだけでなく、アフリカや他のラテンアメリカでも革命を指導した革命家です。その彼が革命を定義して「自然と落ちる林檎ではない」と言っています。あなた自身が行動しなければ革命は起こせないというわけです。独裁的な王朝や植民地の支配者を倒して、新しい体制を築いたという意味では、革命が世界史に果たした役割は大きいでしょう。しかしその後、社会主義や共産主義の国々がどうなったかを考えると、検討の余地は残ります。

それはともかくチェ・ゲバラは若者に大変人気があります。見た目や生き方がかっこいいからなのかもしれません。革命に賛同するかどうかは別として、チェ・ゲバラの理想に燃えた生き方が人気を集めているのでしょう。

豆知識 エルネスト・ゲバラ（1928〜67）はアルゼンチン生まれの革命家。チェ・ゲバラの「チェ」は「やあ、おまえ」という意味で親しみをこめてつけられたあだ名。大学では医学を学びましたが、やがて革命に身を投じ、キューバ革命を成功させます。その後、コンゴ共和国、ボリビアのゲリラ戦に参加。ボリビアで政府軍に殺害されます。

［革命］

革命を成功させるのは希望であって、
絶望ではないのだ。

クロポトキン

クロポトキンはロシアの政治思想家で、革命を唱えました。「こんな社会をつくりたい」という革命は、希望をエネルギーとして行われるものです。たんなる恨みや憎しみが理由だと、支配者を抹殺して終わりです。そのあとに希望のある未来の社会の設計図がなければ、ただのクーデターで、革命にはなりません。革命の先には必ず希望がなければならないからです。太宰治が書いた小説『斜陽』には未婚のまま子どもを妊娠した主人公が「こいしいひとの子を生み、育てる事が、私の道徳革命の完成なのでございます」と語り、「革命」をキーワードに自立した道を選びます。自分を妊娠させて、責任を取ろうともしない男性に対して、絶望したり、恨んだりするのではなく、一人で自立して生きていこうとする。そこには希望があります。希望に向かうのか、絶望に向かうのかで、結果は全く違ったものになるのではないでしょうか。

（豆知識）ピョートル・クロポトキン（1842〜1921）はロシアの名門貴族の家に生まれました。しかし革命思想に傾倒し、投獄されたあと脱獄。40年近く亡命生活を送ります。革命後のソビエトに帰国しますが、彼が唱える無政府主義（アナキズム）は政権とはあいいれず、政権批判をくりかえしたあと、政治活動から身を引きさます。

[イノベーション]

経済活動の中で
生産手段や資源、労働力などを、
それまでとは異なる仕方で
新結合すること。

シュンペーター

イノベーションをひと言で言うと「新結合＝新しい結合の仕方」となります。新しいものをつくるのに無から有を生み出すのではなく、今あるものを、今までと違うやり方で結合させていくのです。それが、刷新になります。

ある女子短大の話ですが、学生が集まらないので、先生たちをそのまま活かして新しい学部をつくることになりました。今あるもののパッケージを変えて、共学にして学部名も一新する。するとその新しい学部は成功して、今では人気学部になっています。今ある手持ちのものをうまく結合すると、全然違う効果を発揮することを実感しました。

東京オリンピックの卓球男女混合ダブルス金メダルの水谷隼選手と伊藤美誠選手も新結合ですごくうまくいったケースです。資源としての自分を考え、何と結合すると力を発揮できるだろうと考えてみるのも、発想力が刺激されて面白いと思います。

豆知識 ヨーゼフ・アロイス・シュンペーター（1883〜1950）はオーストリア・ハンガリー帝国出身の20世紀を代表する経済学者。「イノベーション理論」を提唱しハーバード大学教授、アメリカ経済学会会長、国際経済学会会長等を務めています。

［支配］

支配とは、すわることである。

オルテガ・イ・ガセット（『大衆の反逆』）

「支配とは、すわることである」という定義は面白いですね。この文章には続けて「支配とは、握り拳の問題であるよりも、むしろお尻の問題なのである」と続いています。支配というと、普通は他の人と戦って暴力で奪い取るように思いますが、権力の椅子に座るだけでいい。玉座に座る、あるいは大臣なら大臣の椅子に座るだけ。それだけで、支配が静かに行使されます。

たとえば一度トップの座に座ると、権力がどんどん集まってきて、拳を振り上げなくても、みんなが言うことをきくようになります。静かに力を及ぼしている状態が支配なのだ、ということです。反対側の立場からみると、自発的に服従したり、自粛したりするのが支配されることです。オルテガ・イ・ガセットはスペインの哲学者で、政治的な活動もした人です。支配についての考察は、現実を突いていて、なるほどと思わせます。

(豆知識) オルテガ・イ・ガセット（1883〜1955）はスペインの哲学者です。『大衆の反逆』という本では、大衆について、権利だけ主張し、義務は果たさない人々だと定義しています。そして大衆がもたらすリスクについて警告しています。

平和は強制的に保てるものではない。
理解することでしか、平和は生まれないのだ。

アインシュタイン

アインシュタインは、平和であるために大事なのは「理解すること」だと言っています。力で押さえ込んで一瞬平和の様相をつくったとしても、それは支配にすぎません。相手を理解して、お互いに対話できる状態が平和なのです。つまり平和に必要なのは理解と対話です。逆に戦争状態というのは理解と対話の拒絶です。「相手の言うことなんかこれっぽっちも聞かない、理解する気はさらさらない」という態度を取った時に戦争が始まります。理解と対話を放棄した人は、国家にとっては危険ということです。愛情関係にも当てはまるかもしれません。愛しているからといって強制的に一緒にいさせるのは無理というもの。一緒にいたければ、理解を示して待つしかありません。逆に情熱が消えたとしても、お互いを理解し対話があるなら、共同生活は維持できるでしょう。国も人も相手を理解する「理解力」を第一におくことが大事です。

豆知識 ドイツ生まれの物理学者アルベルト・アインシュタイン（1879〜1955）は、第二次世界大戦で広島に原爆が投下されたことを受け、「我々は戦いには勝利したが、平和まで勝ち取ったわけではない」と演説。哲学者バートランド・ラッセルとともに、核廃絶や戦争の根絶、科学技術の平和利用などを訴えました。

［平和］

私はもっとも正しい戦よりも、
もっとも不公平でも平和を好む。

キケロ

たとえ正義の戦いであっても、戦いは嫌だ。少々筋が通らなくても、平和の方がいい、とキケロは言います。確かにひとたび戦争が始まれば、すべてがめちゃくちゃになってしまう。だからできるだけ戦争にならないように、曲げるところは曲げてでも、平和を維持する方がいいという考え方です。

これは人間関係でも言えます。相手を論破して、自分が正しいことを証明しても、結果として人間関係を壊すのなら、意味はありません。相手の言っていることが矛盾していても、平和を望むなら「はい、はい」と言っておき、相手を論破しないことです。「はい、そうですね」と自分から折れるのが、人間関係を平和に維持していくコツかもしれませんね。おすすめは、「ですよね」と同調しつつ、方向を変えていく、「そいつつずらす」方式です。

豆知識 マルクス・トゥッリウス・キケロ（紀元前106〜紀元前43）は共和政ローマ時代の哲学者、政治家、弁論家。ローマの元老院議員。雄弁家として知られ、数々の裁判の弾劾演説で勝利をおさめます。シーザーが暗殺されたあと、後継者となったアントニウスの弾劾演説を行い、刺客に暗殺されます。

［平和］

平和は微笑みから始まります。

マザー・テレサ

マザー・テレサはカトリック教会の修道女です。インドの女子学校で教えていた時啓示を受け、カルカッタのスラム街に入りました。「死を待つ人々の家」というホスピスを開設するなど、貧しい人々のために生涯尽くした人です。その献身的な働きでノーベル平和賞を受賞しています。彼女は、平和のためにまず微笑みから始めようと言いました。この後には「顔なんかとても向けられないと思う人に、一日五回は微笑みなさい、平和のためにそうするのです」という文言が続きます。

天皇皇后両陛下や上皇ご夫妻も常ににこやかで、春風のような暖かい微笑みを浮かべて人々と接しています。微笑み外交と言われたりしますね。『言志四録』を書いた江戸末期の儒学者、佐藤一斎も「人には春風のように接し、秋の霜のように自分をつつしみなさい」と言っています。微笑みをたたえることが平和につながるということです。

（豆知識）マザー・テレサ本名アグネス・ゴンジャ・ボヤジュ（1910〜97）は現在の北マケドニア共和国のカトリック教徒の家庭に生まれました。ノーベル平和賞受賞のインタビューで「世界平和のために私たちはどんなことをしたらいいですか」と聞かれた時、「家に帰って家族を愛してあげてください」と答えたのは有名な話です。

［平和］

平和とは、毎日、毎週、毎月のプロセスによって生まれるもの。少しずつ人々の意見を変え、ゆっくりと古い壁を崩し、新しい仕組みを静かに築いていくことなのです。

ジョン・F・ケネディ（1963年の国連総会前の演説より）

「核の抑止力」とは、お互いに核兵器をもつことで使用を躊躇する状況が作り出され、核戦争を避けられるという考え方です。しかし、それでも核兵器を使おうとする人間が出てきたら、その仕組みは変えないといけないわけです。そのためには日々の努力を怠らず、少しずつ古い壁を崩して、新しい仕組みを静かに築いていくことだとケネディは言っています。その時々の状況によって仕組みを変えていかないと、平和を維持するのは難しいでしょう。たとえば日米安全保障条約についても、六〇年、七〇年と学生たちによる激しい反対運動が巻き起こりました。

しかし、もしあの時に安保条約を破棄していたら、バランスの取れた平和を日本一国で維持するのはムリだったかもしれません。反対運動があったとしても安保の仕組みを少しずつ組み替えていった、そういう努力の果てに今の平和があるとも言えます。

（豆知識）ジョン・フィッツジェラルド・ケネディ（1917〜63）はアメリカ第35代大統領。アイルランド系移民の出身。大統領就任中にソ連がキューバに核ミサイルを配備。米ソの間で核戦争の緊張が高まりましたが、毅然たる態度で危機を回避しました。46歳の若さでテキサス州ダラスにおいて暗殺されました。

［資本］

（資本とは）蓄積されかつ貯蔵された労働の一定量のことである。

アダム・スミス

資本とは労働、つまり働く行動の成果が集まったものです。資本家とはいろいろな労働者の労働力の成果をすべて集めてしまった人、という意味でアダム・スミスは使ってしまった人、という意味でアダム・スミスは使っています。言葉だけ読むと、マルクスが言っているのかと勘違いしますが、アダム・スミスが言っているのですね。彼は近代経済学の父と言われている人です。各人が自分の利益を追求しても、需要と供給にまかせる自由な経済市場があれば、社会全体も豊かになるという資本主義のあり方を理論づけました。

一方マルクスは資本主義を否定しています。自分が働いてお金や資産という資本をつくるのは問題ありませんが、労働者の資本をかすめとる搾取を行う資本家は悪であり、富は社会に公平に分配されなければいけない、というのがマルクスの主張です。アダム・スミスの定義に「搾取」という概念が加わると、マルクス的になるのが興味深いですね。

豆知識 アダム・スミス（1723〜90）はイギリスの経済学者、倫理学者です。『国富論』を書き、市場における自由競争が国を発展させると説きました。資本家が資産を運用して自分の利益だけを追求しても、「見えざる手」によって、経済全体が成長するというのがアダム・スミスの考え方です。

［賃金］

賃金は、自分が生産した商品にたいする
労働者のわけまえではない。
賃金は、資本家が一定量の
生産的労働力を買いとるのにもちいる、
すでにある商品の一部である。

マルクス（『賃労働と資本』）

賃金は商品の一部である、と経済学者のマルクスは定義しました。どういう意味かというと、自分が生産したものに利益が生まれたとしても、それは労働者のものではない。労働者の労働力はすでに商品として資本家に買い取られてしまっているので、どれだけ価値のあるものを生産しても、賃金は変わらないというのです。つまり労働者が生産したものは労働者のものではない。労働者は自分が生産したものから「疎外」されているというわけです。今は資本家が労働力を買いたたきやすくなっています。マルクスが書いた『資本論』には、資本家は吸血鬼のような存在である、と書かれています。それが格差社会を生む要因の一つです。

『資本論』は今から一五〇年以上も前に書かれた本ですが、意外に古びていません。日本の賃金が三〇年ほど停滞してきたことが問題になっている今、注目されていい古典です。

豆知識 ドイツ出身の経済学者、哲学者であるカール・マルクス（1818〜83）は社会主義を基本とするマルクス経済学を確立しました。資本主義は労働者によるプロレタリア革命によって崩壊し、社会主義の世の中になるとする経済学です。『賃労働と資本』はマルクスの講演をもとに書かれた本です。

［搾取］

俺達をウンと働かせて、締木にかけて、
ギイギイ搾り上げて、しこたま儲けることなんだ。
（略）まるで蚕に食われている桑の葉のように、
俺達の身体が殺されているんだ。

小林多喜二（『蟹工船』）

蟹工船は北洋で蟹をとって船上で加工する船のことです。昭和の初めごろが盛んでした。厳しい労働条件で労働者を働かせ、資本家がもうけていました。『蟹工船』は、搾取にたえかねた労働者が団結して立ち上がり、挫折する過程を描いたプロレタリア文学の代表作です。「このままだと殺される」という労働者に対して、一人の労働者が「今、殺されているんでねえか。小刻みに」と指摘するのです。

桑の葉はいっぺんに食われるのではなく、少しずつ食われて少しずつ死んでいきます。蚕は資本家、桑の葉は労働者です。搾取とは、労働者を殺さない範囲で、搾り上げて、利益を吸い上げること。労働者たちは「俺たちには俺たちしか味方がねえんだ」と、最後は立ち上がります。今の時代には関係ないと思うかもしれませんが、非正規の人が増えているなど、搾取は続いています。抗議活動や団結は大事だと『蟹工船』は伝えます。

豆知識 小林多喜二（1903〜33）はプロレタリア文学を代表する作家。北海道の農家に生まれました。銀行に勤めますが、プロレタリア文学の作品を次々と発表して、解雇されます。1931年共産党に入党。その後、投獄され、拷問の末、わずか31歳で獄死します。

［労働］

労働することが疲れ果ててしまうのは、
物質のように、時間の従属物となってしまうことだ。
思考は⑻、ただ瞬間から瞬間へと
移って行くことを強いられる。
それが服従するということなのだ。

シモーヌ・ヴェイユ（『重力と恩寵』）

「物質のように、時間の従属物となってしまうこと」というのは、マルクスが『資本論』で言っている「疎外された労働」と同じことです。たとえばロビンソン・クルーソーは自分が必要だから、無人島でいろんなものを作ります。それは自分のためのものなので、疎外された労働ではありません。ところが生産手段をもつ資本家の元で、自分の時間を切り売りして商品を作ったら、その商品は自分のものではないので、それに費やした労働は疎外されていることになります。さらに、切り売りしたその時間は、何も考えずに言われたことを機械的にこなすように指示されるので「服従」になってしまうと、シモーヌ・ヴェイユは言います。労働が自分たちのものではなく、資本家のものになっており、労働力が商品として扱われているのです。労働というものの商品化、資本家による搾取のことを、ここでは指摘しているのだと思います。

豆知識 シモーヌ・ヴェイユ（1909〜43）フランスの思想家。女子高等中学校の哲学教師となった後、未熟練女工として工場で働いたり、スペイン内戦に義勇軍兵士として参加したりしました。戦時中はロンドンで対独レジスタンス活動に身を投じます。死後ヴェイユの思想に深く感動した作家のアルベール・カミュにより12冊の著作が出版されています。

［社会］

あらゆる社会組織は、
信用あるいは信頼を基礎としている、
と言いたい。

ポール・ヴァレリー（『精神の政治学』）

「社会の組織は信用、信頼を基礎としている」というのは、信用第一という意味ではなく、信じている人がいることによって支えられている、という意味です。たとえば神社の鳥居は、神の世界と俗界を区切る結界であるとみんなが信じているから、鳥居としての神聖さを持つわけです。もしみんなが鳥居をばかにしていたら、鳥居の意味がなくなってしまいます。もしかしたら政治や社会も、そういうところがあるのかもしれません。

「こんなものたいしたものじゃないよ。」とか「別に従わなくてもいいんじゃない」と誰かが言い出したり、疑い出したりすると崩壊してしまうでしょう。信頼するという心理作用によって、権力の根本が支えられているのです。そう考えると、社会のいろいろなシステムも、みなが当たり前だと思っているから当たり前に機能していますが、疑いだしたら一気に崩れてしまうのかもしれませんね。

(豆知識) ポール・ヴァレリー（1871〜1945）はフランスの詩人であり、小説家です。詩人マラルメの影響を受け、多くの詩や評論を残しています。思索の過程を記した覚書（カイエ）を生涯にわたって書き続けており、フランスを代表する知性の一人といわれています。

［法律］

法律はクモの巣に似ている。
小さなハエを捕えるが、
すずめバチは通りぬけるにまかせる。

スウィフト（『精神の諸機能についての論考』）

巨悪すぎるとつかまらない、という例は私たちの身近でも見聞きします。大物政治家はつかまらないのに、末端の役人が罪をかぶるというような例です。税金についても、お金をもうけている企業が法人税を払っていないのに、薄給の会社員はガラス張りで徴収されてしまいます。なるほど、政治に痛烈な皮肉を言い続けたイギリスの作家スウィフトらしい定義です。

昔、アメリカにアル・カポネというギャングがいました。密売や殺人、強盗など、様々な犯罪を指示したのですが、逮捕できませんでした。法律には抜け道が多すぎて、肝心の巨悪がつかまえられないのです。結局、カポネの場合は、脱税の罪という〝裏技〟で逮捕できました。蜘蛛の巣を何種類も用意しないと、つかまえられないということでしょうか。

豆知識 ジョナサン・スウィフト（1667〜1745）はアイルランド出身のイギリスの作家で司祭です。『ガリヴァー旅行記』で知られています。風刺作家として政治批判の作品を発表。イギリスの政争にも論客で登場しています。人間嫌いといわれ、晩年は病気に苦しむ生活を送りました。アイルランド紙幣の肖像にもなっています。

法とは手柄を見て報償を与え、能力に応じて官職を授けるものである。

韓非子(『韓非子』)

韓非子は中国の戦国時代末期に活躍した思想家です。君主や王様が個人の徳で国を治めるという従来の考え方ではなく、法やルールにのっとって治めるべき、という姿勢を示しました。たとえば戦があった時、手柄を立てたものには報償を与える。あるいは力のあるものには役職を与えるというルールがあれば、秩序が保たれます。しかし曖昧な個人の徳や人間性に依拠していると、気に入られた人がどんどん出世していったり、実力のない人がコネで官職を与えられたりすることがあるかもしれません。そういう社会だと、人々のやる気がなくなり、士気が下がります。スポーツの世界でも監督が代わると、急にレギュラーが変わるようなことが起きます。しかし能力をはかるルールがあれば、周りは納得できます。個人の徳に頼らないマネジメントが重要ということです。

(豆知識) 韓非または韓非子 (紀元前280?～紀元前233) は中国戦国時代の韓の思想家。性悪説を唱えた荀子に学びました。儒学によって徳で治めることに対して、法やルールを重んじる厳格な法治主義をとっています。『韓非子』は韓非の論文集。秦の始皇帝が影響を受けたといわれています。

［アヒンサー］（非暴力）

人と自然が平和で調和を保ちながら
共存できる平和と非暴力の聖域
「アヒンサー地域」とする。

ダライ・ラマ 14 世
（ノーベル平和賞受賞スピーチ 1989 年 12 月 10 日）

「アヒンサー」という言葉を初めて聞かれる方も多いでしょう。サンスクリット語で非暴力を意味しています。ヒンズー教をはじめとする古代インド宗教の重要な教えですが、近年ではインド独立の立役者マハトマ・ガンジーが、この考え方を基本に非暴力抵抗運動を繰り広げました。

チベット亡命政府のダライ・ラマ一四世が一九八九年ノーベル平和賞を受賞した時のスピーチの一部がこの言葉です。

チベット高原をアヒンサー地域にしたいという願いは、中国からの独立を願うチベット人に共通する願望ではないでしょうか。

「アヒンサー」という言葉を使うことで、世界用語になりました。

授賞式でのダライ・ラマの言葉は「私たちの全て、抑圧者も友人も含め、全員のために、私は祈ります。（略）生きとし生けるものの苦痛を、和らげることができますように……」で終わっています。

素晴らしいスピーチですね。

(豆知識) ダライ・ラマ14世（1935〜）は第14代のチベット仏教の法王。5歳のときダライ・ラマ13世の生まれ変わりとして、新法王に就任。1951年、中華人民共和国によりチベット地域が併合され、1959年インドに亡命。チベット亡命政府を樹立。1989年世界平和に対する貢献が評価され、ノーベル平和賞を受賞。これは、その時のスピーチの一節です。

自然と神

［神］

神は、我々の内にないとすれば、存在しない。

ヴォルテール

一八世紀に活躍した哲学者ヴォルテールは、人格神である神がどこかに存在していて、人類をつくり世界を支配していることはない、と言っています。神がいるとすれば、それは我々の心の中、我々の内側にいるのだ、という考え方を示しました。私たちが「神はいる」と考えれば、私たちの心、精神にとっては存在するわけです。神社に参拝に行き、パンパンと手を叩いて拝むのは、そこに神様がいると思うことで、その実自分の心をきれいにするためです。

福沢諭吉が子どもの頃に神社の御神体を取り出して、代わりに石をいれておいたという話があります。諭吉は神の無意味さを証明したかったのでしょうが、そのことに、それほど意味はありません。なぜなら、実際にそこに神様がいるというより、そこに神様がいると「私たちが考えている」ことが大事だからです。自分の心を整えるための考え方です。

豆知識 ヴォルテール、本名フランソワ゠マリー・アルエ（1694～1778）は、フランスの文学者、哲学者、歴史家です。パリの裕福なブルジョワの家庭に生まれました。数学・物理への造詣も深く、『百科全書』の編纂にも関り、『ニュートン哲学要綱』なども出版した、当時の近代的、合理的知性の代表選手です。

［生物］

人間を含む生物は、遺伝子の乗り物である。

リチャード・ドーキンス（『利己的な遺伝子』）

イギリスの生物学者リチャード・ドーキンスが発表した『利己的な遺伝子』は世界に衝撃を与えました。生物はみな遺伝子を運ぶための乗り物にすぎないというのです。私たちは自分の意志で動いていると思っていますが、実は遺伝子を運ぶために行動しているにすぎません。たとえばカマキリの雄は交尾を終えたあと、雌に食べられてしまいます。遺伝子を残したら、あとは餌になってしまう。それがわかっていても交尾する。自分がこんなふうに生まれたのは、「親ガチャ」のせいだと言う人がいます。でも親も「親ガチャ」。そのまた親も、そのまた親も「親ガチャ」。そう考えると、親に文句を言う人は、その前、その前と、さかのぼらなければなりません。それは意味がないので、私は自分の遺伝子を愛して、淡々と受け入れようと思っています。

（豆知識）クリントン・リチャード・ドーキンス（1941〜）はイギリスの進化生物学者、動物行動学者。遺伝子中心の進化論である『利己的な遺伝子』を発表し、注目を集めました。社会や文化の土台となり、ほかの脳にコピー可能な情報「ミーム」という概念も提起しています。

生命はつねに自己への回帰の中に存する。

岡倉天心（『東洋の理想』）

生命が自己への回帰の中にある、という言い方は難しいですが、おそらくは種子の中にすべてがある、という意味だと思います。思想家の岡倉天心が活躍したのは明治時代が中心ですので、まだDNAは発見されていませんでした。にもかかわらず、生命が自己、つまりDNAからどんどん育っていくという発想は素晴らしいですね。考えてみると、人間の可能性はスタート地点にすべてのものが詰まっているのかもしれません。だとすると、それを見抜く人はスカウトとして大変優れています。サッカーを例にとると、スペインの強豪バルセロナがメッシと契約したのは、彼が一三歳の時でした。まだ子どもだったメッシの才能を見抜き、レストランの紙ナプキンに契約内容を書いて、急いでサインさせたのです。後年、世界で大活躍するメッシの才能は子どもの時すでに芽生えており、目利きのスカウトにはそれがわかったのです。

(豆知識) 岡倉天心（1863〜1913）は思想家であり、日本における美術運動を指導した人です。『東洋の理想』は英文で書かれた著作で、仏教や儒教など東洋の精神について歴史をたどり書かれています。東洋の精神を端的にあらわしているのが日本の美術である、というのが岡倉天心の見方です。

［生命］

すべての生命は、
初めて息づいた原始的な生物の子孫である。

ダーウィン（『種の起源』）

生物は、単体でいきなりポンとあらわれたわけではありません。キリンが突然キリンとして地球上に誕生したわけではない。その前の形があって、その前の形があるというように、原始的な生物から始まって連綿と進化してきたのが、今の姿である、とダーウィンは主張したのです。それまでは、神が形をつくったという聖書の世界観が常識でしたので、ダーウィンの主張は大変な衝撃を与えました。「もっとも簡単な最初の生物から、もっとも美しく、もっともすばらしい生物が、限りなく進化してきたし、いまも進化しており、これからも進化し続けて行くだろう」と美しい言葉で語っています。生物は長い時間をかけて進化してきて、ここにいるのだと思うと生が尊く見えます。バラの花はこんなきれいな形になるまで、どれだけの時間がかかったのだろうと進化の歴史に思いをはせると、その姿も尊く見えてきませんか。

豆知識　チャールズ・ダーウィン（1809〜82）はイギリスの自然科学者です。イギリスの測量船ビーグル号に乗り、各国の動植物や化石の様子を観察した結果が進化論に結びつきました。『種の起源』を発表。イギリスではニュートンと並んで、王族以外にウェストミンスター寺院で国葬が行われた一般人の一人です。

155

［神話］

神話は宇宙の謎に対して出された 最初の答である。(略)神話は、 空想の産物というにはとどまらず、 人間の最初の知的好奇心の 所産でさえあるように思われる。

カッシーラー（『言語と芸術』）

「神話は宇宙の謎に対して出された最初の答である」。かっこいい定義ですね。たんなる空想ではなく、事物の根源に立ち戻ろうとする知的な好奇心から生まれたものです。事物がなぜそのようなあり方で存在しているのかを考えていくと神話が生まれます。

たとえば水仙の花は下をのぞきこむようにして咲きます。ローマ神話では水仙は、泉にうつる自分の姿に恋をして死んでしまうナルキッソスの生まれ変わりになっています。なぜ水仙はあのような咲き方をしたのだろうという謎に対する答えがナルキッソスの神話だったのです。宇宙は何か、人間は何か、考え抜いた先に神話があったのでしょう。

世界各地にある神話に共通性があると指摘されるのも、人間の知的好奇心の産物だからと考えると合点がいきます。星座も宇宙の謎への答ですが、今でも星座占いがあるのはすごいですね。

豆知識 エルンスト・カッシーラー（1874～1945）はドイツの哲学者で、ナチスの迫害を逃れ、スウェーデンに帰化しています。人間だけが持つ、物事を象徴する機能を土台に、言語や神話、宗教、芸術、歴史など幅広い分野を考察しています。

［仏道］

仏道をならうというは、自己をならうなり。
自己をならうというは、自己をわするるなり。
自己をわするるというは、万法に証せらるるなり。

道元（『正法眼蔵』）

鎌倉時代の禅僧、道元が執筆した仏教の思想書『正法眼蔵』の中の、有名な言葉です。

道元は、自分をならうというのは、自分を忘れることなのだと言っています。つまり、自分というものを見つめ、やがては自分を忘れ、自我から離れていくことが大事なんだよ、ということでしょうか。坐禅をして自分と向き合っていると、そのうち自分というものもなくなっていきます。そしてその瞬間、「万法に証せられる」ということです。つまり、全宇宙のあらゆるものが悟らせてくれることを意味します。自我がなくなる分、すべての世界に開かれていく感覚とでもいうのでしょうか。臨済宗の僧、廓庵が作った「十牛図」という、悟りに至る段階を十枚の図と詩で表したものがあります。自分は牧者で描かれていて、牛がいなくなって探すのですが、実は牛は本当の自分です。牛を見つけて帰りますが、やがて牛も自分もいなくなります。

豆知識　道元（1200～53）は鎌倉初期の禅僧で、日本における曹洞宗の開祖です。京都の公卿の久我家（村上源氏）に生まれ、13歳のときに出家しています。23歳のときに宋に渡り、天童如浄に師事して修行。ただひたすら坐禅をするという只管打坐の禅を受け継ぎました。『正法眼蔵』は生涯をかけて著した大著です。

神を感知するのは心であって理性ではない。
信仰とはそのようなものである。

パスカル（『パンセ』）

パスカルはその名前が圧力を計る単位になっているくらいですから、正真正銘の科学者だったのに、信仰心も厚かったのですね。信仰心は心で感じるもので、理屈ではないとパスカルは言います。「神は本当にいるのか」と理詰めで考えてもしかたありません。「まさにこれが神のおぼしめしだ」と素直な心で思えたら、それが信仰です。日本でも「南無阿弥陀仏」と唱えれば、阿弥陀様が浄土につれていってくれると言います。第一、浄土が本当にあるかどうかもわからない。でもそう唱えて、心が落ち着くのであればいいのではないでしょうか。

これだけ科学が発達した時代においても、信仰心がある様々な宗教が信じられていて、信仰心があるのは人間の興味深いところです。日本には仏教と神道を信じる人がいますが、両方足すと人口を超えてしまうそうです。そのへんのアバウト感も面白いですね。

（豆知識）ブレーズ・パスカル（1623〜62）はフランスの物理学者、哲学者、思想家です。パスカルの定理、パスカルの三角形、パスカルの原理など数学や物理の原則を発見した人でもあります。『パンセ』は自らの思いついたことを書きとめた著作で、「人間は考える葦である」など有名な言葉が残されています。

［信仰］

不条理ゆえに吾信ず。

テルトゥリアヌス

信仰とはたとえどんなに不条理であっても、信じ続けることなのかもしれません。旧約聖書のヨブ記にも、ヨブが神に対してささげ物をするのですが、すべての財産をささげつくしたあげく、自分の子どもさえ差し出せと命じられるのです。神がやろうとしているのは、非常に不条理です。人間にとって都合のいいことばかり起こるわけではありません。江戸時代のキリシタン弾圧を描いた遠藤周作の『沈黙』という小説にもあるように、神が沈黙してしまうことだってあるのですから。

でもどんなにめちゃくちゃであっても信じるのが信仰です。そうすると、信仰は、不条理なものに対する対し方、心のあり方なのかもしれません。何かを信じているという心の動きが、不条理を乗りこえていく力になります。信じるということ自体が、パワーを生み出すのです。お守りを握り締めているとパワーがわいてくる気がする受験生もいますね。

豆知識 テルトゥリアヌス（160？〜220？）は北アフリカのカルタゴ出身のキリスト教神学者です。異教徒からの批判に応える護教家として活躍しました。キリストの復活が不合理だという批判に対して「不条理ゆえに吾信ず」と述べ、信仰の本質について語っています。

思弁が終わる、まさにそのところで信仰が始まる。

キルケゴール（「おそれとおののき」）

何かを一心不乱に信仰していたのは古い時代です。今は科学や技術も発達し、合理的になったので、信仰に対してもいろいろな意見を持つ人があらわれました。みなが宗教や信仰について話し合って、激論をかわしたあと、フーッとひと息ついたところで、ハッと信仰があらわれてくることがある、とキルケゴールは指摘しています。ドストエフスキーの『カラマーゾフの兄弟』の中にゾシマ長老というロシア正教の高僧が登場します。

彼が若いころ信仰心にめざめるきっかけになったのが兄でした。兄は人生経験豊富で、時に悪事を働くような人でしたが、突然、この世は祝福されているのだと気がつきます。世界は何と美しいのだ、と気がついた時、信仰心がめざめたというのです。さんざん議論して、考え抜いて、終わった瞬間、人生が祝祭であることを感じる。それが信仰の始まりです。

外では鳥がさえずり、花が咲いている。

豆知識　セーレン・キルケゴール（1813〜55）はデンマークの哲学者、思想家です。人間が抱える矛盾や対立はヘーゲル的な弁証法では解決できないとし、人間の現実的存在を根底に置く「実存主義」を唱えました。著作では『死に至る病』が有名です。

［進歩］

進歩によって完成されたものは、
すべて進歩によって滅ぶ。

パスカル

何かが進歩して完成形に近づくと、全く別なものが出てくるのは、よくあるケースです。

たとえば自動車はガソリン車が進歩して、世界中、陸地の移動手段といえば自動車といえるくらい普及しました。しかし今はガソリンではない電気自動車が台頭しています。

原子力発電所もそうです。原発で簡単にエネルギーがつくれるようになり、進歩したと思ったら、大変な事故が起きてしまいました。

私はMD（ミニディスク）レコーダーというのを持っていて、大変重宝していましたが、あっという間になくなってしまいました。記憶媒体で音楽を聴く時代から、ネット上や配信で音楽を聴く時代になりました。レコードの傷で同じフレーズが繰り返されたのは懐かしい記憶。新美南吉の『おじいさんのランプ』には、時代おくれになったランプの運命が描かれています。

（豆知識）フランスの物理学者、哲学者、思想家であるブレーズ・パスカル（1623〜62）は、幼いころより飛び抜けた才能を示し、わずか10歳で三角形の内角の和が180度であることを発見しました。数学のみならず、物理学や宗教、哲学でも実績を残し、実業家としても成功しましたが、わずか39歳で病死しています。

［真理］

だれでもが真理を見ることはできない。
がしかし、真理であることはできる。

カフカ（『八折半のノート』）

この言葉の意味は、外部に真理を見つけるのではなく、自分自身が存在する、そのこと自体が真理である、ということです。哲学者のデカルトが言うように「我思う。故に我あり」ということでしょう。自分が真理であるというと、何か自分が全知全能の、あるいは天上天下唯我独尊的な存在を想像してしまいます。しかし、そうではありません。ここに存在しているそのありさまそのものが真理である、という意味です。

似たようなことを臨済宗をつくった臨済も言っています。若いお坊さんは、「仏はどこだ」「仏はどこだ」と必死で探し回ります。でも臨済は、「探しているその頭、それこそが仏なのだ、君こそが仏なのだよ」と言ったのです。自分の頭で考え、自分自身であり続ける。それが仏であり、真理であり続けることとなのでしょう。

豆知識 フランツ・カフカ（1883〜1924）はチェコで生まれ、ドイツ語で小説を書いた作家です。タイプライターが嫌いで、万年筆で小説を書いていたようです。遺品には小説のプロットや断片を書きつけた八折半の大きさのノートが複数ありました。この言葉はそのノートにあったものです。

［真理］

真理とは、経験の試練に耐えられるものです。

アインシュタイン（『晩年に想う』）

「経験の試練」とは、アインシュタインの場合は実験や観察でしょう。実験を重ねて、立証されればそれが真実になります。彼は重力の存在を、一九一六年に予言しました。非常に重い物質の周りでは時空にゆがみが生じます。物質が動くと、時空のゆがみは光速で伝わります。これが重力の波、すなわち重力波です。当時はその存在を証明できませんでしたが、一〇〇年後の二〇一六年に、合体するブラックホールによる重力波がついに検出されたのです。真理は様々な実験や観察をへて、年月という試練に耐え、発見されたのです。

似た言葉をイギリスの哲学者カール・ポパーが言っています。彼は科学とは何かと聞かれた時「反証可能性だ」と答えています。「これはこうです」と結論を出しても、「実験で違う結果が出ました」と反証されると、すぐ覆る。反対のものが出てくれば自ら敗れ去ることを認める。その潔さが科学です。

（豆知識）アルベルト・アインシュタイン（1879〜1955）はドイツ生まれ。のちにアメリカに亡命します。相対性理論を発見するなど、20世紀最大の物理学者です。1921年ノーベル物理学賞を受賞。『晩年に想う』は彼が50代から70代にかけて書いた小文集。科学から平和、社会など幅広くふれています。

［真理］

私の前には、真理の大海原が
手をつけられずに横たわっている。

ニュートン

万有引力の法則を発見したニュートンですら、まだわからない真理がたくさんあります。まるで手つかずの大海原のようだ、と言っています。ニュートンでさえわからないのですから、真理の海はどれほど大きいのでしょうか。私は昔学校で元素の周期表を教わった際、「これが物質を構成するすべてです」と言われて感動したことがあります。しかし最近科学では、宇宙に存在する物質・エネルギーのうち、約二七パーセントがダークマター、約六八パーセントがダークエネルギー、通常の物質は五パーセントと言われます。まさに大海原という感じがします。

同じ文脈で、ニュートンは自分のことを、海辺でたわむれ、小石や貝殻を見つけて喜ぶ子どものようなもの、まだ海の広さも深さも冷たさも知らず、その手前の砂浜で貝殻を拾って真理を見つけたと喜んでいる子どもにすぎないと言っています。

（豆知識）アイザック・ニュートン（1642〜1727）はイギリスの物理学者、天文学者、数学者。万有引力の法則や微積分法を発見したことで有名です。自然科学の分野だけでなく、キリスト教の研究をしたり、下院議員や王立造幣局の長官をつとめたりするなど、様々な分野で活躍しました。

［植林］

植林とはただ木を植えることではなく、平和維持、生活状況の改善にも関係している。

ワンガリ・マータイ

マータイさんはケニアの環境保護活動家です。木を植えることは自分たちの環境や状況をよくすることだ、と定義しました。なぜ植林と平和が関係するのかというと、ケニアでの活動が原点です。ケニアでは、食料も水も燃料も不足していて、人々は貧困にあえいでいました。そこで一緒に木を植えることから始めたそうです。

「ハチドリのひとしずく」という寓話があります。森が火事になった時、ハチドリが小さなくちばしで一滴一滴水を運びました。「そんなことをして何になる」と森の動物たちは笑いました。でもハチドリはこう言ったのです。「私は私ができることをやっているだけです」と。私たちにできることは小さいかもしれません。でも自分ができることをやり続ける。そうすれば世界は変わると、マータイさんは言うのです。

(豆知識)ワンガリ・マータイ（1940〜2011）はケニア出身の環境保護活動家です。アフリカ女性として初めて2004年にノーベル平和賞を受賞しました。来日した際、日本の「もったいない」という言葉に感銘を受け、世界に「MOTTAINAI」を広めました。この言葉は日本の高校で講演した時のものです。

[星]

いちばんぼしがでた　うちゅうの目のようだ
ああ　うちゅうがぼくをみている

まどみちお「いちばんぼし」

星の定義はたくさんあります。しかしこれを「うちゅうの目」と言ったところが素晴らしいと私は思います。普通星が出ていたら、「ああ、あれは星だね」「いちばん星だね」で終わってしまうところです。それを「うちゅうの目」として見たわけです。この本でとりあげているのは、辞書に書いてあるような定義ではありません。「一番星とは一番最初に出る星」と書いてあっても少しも面白くありません。そうではなくて、「うちゅうの目」としたことが秀逸です。まだほかに星が出ていない真っ暗なところに、ぱっと光っている。そして宇宙から見られている感覚が面白いですね。作者のまどさんによれば、「これはなんだろう？」というハテナマークと、「あっこれなんだ！」という気づきのエクスクラメーションマーク。この二つで世界ができているのではないか、と言うのです。疑問と感動を大事に生きていくということでしょうか。

豆知識 まどみちお（1909〜2014）は詩人、作詞家。20代のころから詩をつくり始めました。「ぞうさん」「やぎさんゆうびん」「一年生になったら」「ふしぎなポケット」など誰でも知っている童謡の詩をつくっています。104歳まで長生きし、児童文学のノーベル賞といわれる国際アンデルセン賞を受賞しました。

［魔法］

魔法とは自分を信じることだ。
もしそれができれば、何をするのも可能だ。

ゲーテ

魔法というとこの世のものではないように感じますが、自分を信じることができれば魔法のように何でもできるとゲーテは言います。

たとえば詩人になるのは途方もない夢のような感じがします。でも一つでも俳句をつくったら、俳句は詩なので詩人になったと言ってもいいでしょう。自分を詩人と信じられるか信じられないかの差だと思います。聖書には「信じる者は救われる」という言葉があります。まさに信じていれば何でもできます。

私は昔、合気道の「折れない腕」という技をやったことがあります。自分の腕を普通に差し出すと、他の人が曲げようとした時に簡単に曲がってしまいます。でもこの腕がホースになっていて、先端から水が噴出するようにイメージすると、誰かが肘を曲げようとしてもなかなか曲がりません。

信じる力で、腕も曲がりにくくなるのです。

(豆知識) ヨハン・ヴォルフガング・フォン・ゲーテ (1749〜1832) はドイツの詩人、小説家。25歳の時に『若きウェルテルの悩み』で一躍脚光を浴びました。その後、宮廷顧問や宰相をつとめ、公務に専念した時期もあります。しかしイタリア旅行をきっかけに芸術への思いを深め、以後、活発な文筆活動を行います。

芸術と思想

芸術とは自然が人間に映ったものです。
肝腎な事は鏡をみがく事です。

ロダン（『断片』）

ロダンは芸術の根本は自然であるとし、と
にかく自然に学び、よく自然を映すことが大
事だと言っています。肝心なのは自身の鏡を
よく磨いて、自然を映しとれるようにするこ
とです。そのためには見ることが必要なので
す。たとえば、よく見ないで葉っぱを描くと、
葉っぱを全部同じに描いてしまうでしょう。
でも葉っぱは一枚一枚違うわけですから、全
部の葉っぱが同じ絵では、映しとる鏡にはな
っていません。ただしゴッホのように、ひま
わりそのものではないけれど、ひまわりの本
質を映しとる描き方、星空の本質がそこから
感じられる表現の仕方もあるわけです。

モネにしても、キラキラ光り輝く一瞬の光
の揺らめきをとらえようとして、印象派の流
れを作っていったのです。芸術家によって鏡
の在り方は違っています。彼らがそれぞれの
鏡で映しとった作品を見て味わえるのは至福
だし、面白いと思います。

（豆知識）フランソワ＝オーギュスト＝ルネ・ロダン（1840〜1917）はパリの労働者階級の子
として生まれました。19世紀を代表するフランスの彫刻家で、「近代彫刻の父」とも言わ
れます。代表作『地獄の門』の一部を抜き出した『考える人』の像は、特によく知られてい
ます。

［芸術］

もしごく簡単に
芸術を定義しろというなら、芸術は
「感覚が、自然の中に霊魂のヴェールを通して
認める表現だ」と言おう。

ポー（『マルジナリア』）

自然をそのままではなく、霊魂のヴェールをかけ、それを通して見て描いたものが芸術作品になるのだと言っています。たとえば、板画家として世界的に有名な棟方志功は、若い時にゴッホの作品を見て感動し、「わだばゴッホになる」と言い続けたそうです。しかし、棟方志功の霊魂のヴェールを通して描いた、全く別の趣の素晴らしい作品ができあがるのです。たぶん、展覧会にでかけた時、一人の画家の作品を一〇作続けて見ると、一一作目がその画家の作品かどうか、わかると思います。それは画家の霊魂のヴェールというものがわかるようになるからです。

「肉眼は見逃すことがある——しかし常に見過ぎているのである」とポーが語るように、写真のように、見えるもの全部を写し取った作品がいいかというと、そうでもありません。芸術家の霊魂のヴェールを通して描かれたものを、我々は楽しむのです。

（豆知識）エドガー・アラン・ポー（1809～49）はアメリカ合衆国の小説家、詩人です。探偵小説の始まりと言われる『モルグ街の殺人』、伝奇的作品『アッシャー家の崩壊』『黄金虫』など多彩な作品を残しています。『マルジナリア』は「本の余白への書き込み」で、ポーが様々な書物の余白に書き込んだ考察をまとめたものです。

［芸術］

芸術とは、嘘の中でも最も美しい嘘。

クロード・ドビュッシー

静かな夜にドビュッシーのピアノ曲を聴いていると、うっとりとします。イタリアのピアニスト、ミケランジェリが弾く「子どもの領分」などとは、そのまま夢の中に入っていくような感じです。この〝夢の中へ誘ってくれる〟というのは芸術の良さです。現実から離れて、もう一つの現実に誘い込まれていく感覚です。音の細工をほどこされたピアノ曲が流れると、雪の妖精が空から降りて地面を白く被うようすが見えたり、男の子の人形が踊る姿が見えたりします。

見えないものをそこに感じさせる力、これが芸術です。ドビュッシーはさらに「芸術は嘘にとどまっているのが望ましいのだ」と言います。「みんなが芸術に求めているのは自分を忘れることだ、そして、その自分を忘れることもまた、嘘の一つの形式なのだ」と言っています。芸術がもっとも美しい嘘と言われると騙されてみたくなりますね。

（豆知識）クロード・アシル・ドビュッシー（1862〜1918）はフランスの作曲家です。印象主義音楽を書いて現代音楽の扉を開いたと言われます。その作品は、ジャズやポップスなど20世紀以降の音楽にも大きな影響を与えています。この言葉は「音楽の方向」というドビュッシーの評論の中に書かれたものです。

［芸］

芸というものは実と虚との皮膜の間にあるもの也。

近松門左衛門（穂積以貫『難波土産─発端』）

江戸時代の作家近松門左衛門による、日本における虚構論の先駆けと言われる言葉です。

「虚実の皮膜」の「虚」はフィクション、「実」は実際のことです。芸術とはその薄い間をいく感じのものだと言っているのです。

たとえば近松の作品に『曽根崎心中』がありますが、実際の心中は決して美しいものではありません。ところが近松は「この世のなごり夜もなごり、死に行く身をたとふれば、あだしが原の道の霜」「一足づゝに消えて行く」「我とそなたは女夫星」と書いています。……美しい表現ですね。これは現実が浄化されたフィクションであり、少しの嘘なのです。

世間との軋轢の中で、どうしても実現できなかった男と女の本当の愛情が、そこで結晶化する。現実そのままではなく、フィクションを加えることで、美しくなります。虚実の皮膜を表現することで、芸術として人々の心に届き、共感し感動してもらえるのです。

豆知識 近松門左衛門（杉森信盛、1653〜1725）は江戸時代の浄瑠璃および歌舞伎の作家です。歌舞伎脚本30余編、時代浄瑠璃80余編、世話浄瑠璃24編を書くなどの業績を残しています。穂積以貫は、人形浄瑠璃劇場「竹本座」で近松門左衛門と親交を結び、彼の虚実皮膜論を聞き書きし『難波土産』を著しました。

私が芸を楽しんでるのを、お客さんが楽しむのや。

ミヤコ蝶々

これは芸に愛された人の言う言葉です。そもそも芸を楽しめている時点で、才能があるということでしょう。芸をやるのに精いっぱいの人がいますが、余裕のない人を見ていると笑えないものです。松竹新喜劇のスターだった藤山寛美さんなど、芸に余裕があるスターを見ていると、内側から面白みがあふれ出ている感じがします。お客さんも余裕をもって笑えます。笑いには余裕が必要なのです。

ミヤコ蝶々は七歳の頃から芝居一座の座長として芸を磨きあげた人ですが、演技をしているのかしていないのか、はっきりしない感じがする芸人さんでした。それでも存在感が抜群で、存在そのものにおかしみがあります。

根底には "この人は人間の世界に精通し、酸いも甘いもかみ分けて、いろんなことがわかっている人だな" という信頼感があります。そういう人がちょっと面白いことを言うと、その人間味に私たちは笑うのです。

豆知識 ミヤコ蝶々、本名日向鈴子（1920〜2000）は東京の日本橋小伝馬町に生まれ、7歳の時に父親が立ち上げた芝居一座の座長となります。22歳で吉本興業に入り、その後は上方漫才・喜劇界をリードし続けたコメディアンで女優となります。作・演出・主演と一人三役をこなす舞台のほか、テレビドラマ、映画などでも活躍しました。

［芸術家］

優れた芸術家は模倣し、偉大な芸術家は盗む。

ピカソ

ピカソは多作で知られた画家です。人生の様々な時期で、誰かとコラボしながら新しい芸術をつくってきました。ピカソはあっという間に新しいことを吸収してしまいます。それを始めた人よりうまくなってしまうのです。

藤田嗣治も書いていましたが、ピカソが若手の絵を見に来て、気になるものがあると、一時間も二時間もその前に立ってずっと見続けるそうです。藤田嗣治も「それをやられた」と書いていました。すごく恐かったそうです。

たんなる模倣では、オリジナルの人を超えられません。でも完全に盗みきって、自分のものにしてしまえば新しいものになります。昔でいうと技を盗むということでしょう。これは悪いことではありません。昔の武術家は一度立ち会いをすると、相手を殺すところまでいきました。なぜなら自分の技を見せることになるので、相手に盗まれてしまうからです。偉大な人はそこまで吸収しつくすのです。

（豆知識）パブロ・ピカソ（1881〜1973）はスペインの画家。おもにフランスで活躍しました。ブラックと知り合うと幾何学的な画風のキュビズムを確立。さらにセザンヌの影響を受け、立体的な描き方を習得するなど、様々な画風の作品があります。多作で知られており、陶芸にも挑戦しています。

［芸人］

笑われてやるんじゃなくて、笑わしてやるんだ。

ビートたけし『浅草キッド』

これはビートたけしさんの自伝的な小説『浅草キッド』の中で、たけしさんのお師匠さんに当たる人が言うせりふです。芸人は笑われる存在だと思われがちですが、笑わせるのが芸人だ、と定義しています。私はたけしさんとテレビ番組をご一緒する機会がありましたが、本番前に最近のお笑い界について聞いてみると、「俺たちのころの漫才より、うまくなっているよ」と言います。

「ただ、芸人の中には客に笑われてるのがいるけど、ああいうのは違うんだよな」と言い切っていました。あくまで芸人は、お客さんを笑わせないとダメ。そこに芸がないとダメなのです。ですから、たけしさん自身は芸人であることに誇りを持っています。『浅草キッド』にも、おまえは誰だ、と聞かれて「芸人だよ」と答える場面があります。芸に対する誇りと意地がこの言葉に凝縮されています。

豆知識 ビートたけし（1947〜）は漫才師、俳優、映画監督。漫才コンビのツービートでデビュー。風刺のきいた笑いで一世を風靡。俳優としても頭角をあらわし、その後、自身がメガホンをとる映画を制作。『HANA-BI』ではベネチア国際映画祭金獅子賞受賞。『浅草キッド』は若き日の下積み時代を描いた作品です。

［映画］

映画は海である。映画は風である。

淀川長治（日本版『エスクァイア』）

淀川長治さんは映画評論で一世を風靡した方です。みなさんの中にはテレビ朝日の「日曜洋画劇場」の解説と、「さよなら、さよなら、さよなら」という終わりの挨拶を覚えていらっしゃる方もいるのではないでしょうか。

私は淀川さんの解説が大好きでした。淀川さんはどんな凡作の映画でも、ほめるのが定番でした。何もいいところが見つけられなくても「トイレがピカピカでしたね」と、ほめるところを愛に満ちています。

淀川さんですから、定義も結びつくからです。

「映画は海」は、みんなに吹きつけるから「映画は風」なのは、みんなに吹きつけるからです。「映画は全世界共有」とも言っています。確かに映画館にいると、暗闇の中で人とつながっている感覚を感じることがありますね。「映画は海」「映画は風」という定義は、映画の世界に生涯をささげた淀川さんらしい、淀川さんにしかできない表現です。

(豆知識) 淀川長治（1909〜98）は映画評論家、映画解説者です。映画会社の宣伝担当や映画雑誌の編集長を経験。テレビ朝日系列で約32年間にわたって放送された「日曜洋画劇場」の解説を担当しました。チャールズ・チャップリンのインタビューに成功したほか、黒澤明監督からも信頼を寄せられていました。

［劇］

劇においては、(略)現在のうちにすべてがある。
(略)現在だけしかあってはならぬ。
それが現在としての潑剌さを失うと、
とたんに時間の流れが切断される。

福田恆存（『人間・この劇的なるもの』）

小説なら読み返すことができますが、劇は目の前でどんどん進行していってしまうので、今現在しかありません。それを無理やり中断させると、潑剌さを失い、動きもせりふも死んでしまいます。劇とは今現在を生き続けなければならない、と劇作家で評論家の福田恆存は言います。確かに原稿もあらかじめ用意されたものを読むと、劇的にはなりません。

私も以前一〇分ほどのテレビ番組で意見を述べることがありました。普通は出演者が原稿を持ってきて読むそうです。でもそれがピンと来なくて、私は原稿を持たずにそのまま話して、ライブな感覚を出してみました。結果はとても評判がよかったそうです。講演や授業でも原稿を読むと、聞いている人は眠くなります。私たちにとって日常生活の劇的な生き方は、現在を生きる生き方なのではないかと思います。

豆知識 福田恆存（1912〜94）は評論家、劇作家、演出家です。保守派の論客としても知られ、憲法や国語問題についても積極的に発言しています。現代演劇協会を設立。シェークピア全集の翻訳では岸田演劇賞を受賞しました。『人間・この劇的なるもの』（新潮文庫）は自由と宿命や生と死など、人が生きることについて様々な観点から述べています。

［建築］

建築は凝固した音楽である。

シェリング

エッカーマンの『ゲーテとの対話』に、この言葉を書きこんだ一枚の紙片を見つけた、という一節があります。この続きは「確かにこれは一理ある。建築から受け取る感じは、音楽の与えるものに似ている」です。研究によると、これは哲学者のシェリングの言葉のようです（『芸術哲学』）。

建物に入ると、空間に包まれる感じがすることがあります。それは音楽に包まれる感じとちょっと似ています。建築にはそれぞれふさわしい音楽があって、たとえば映画を撮る時に、五重塔のシーンにつける音楽と、茅葺き屋根の古民家につける音楽と、ベルサイユ宮殿につける音楽は違うでしょう。その中にいる体も違ってきます。狭い空間ならウッと縮こまる体になっているし、広い空間なら体も解き放たれる。非常に感覚的な身体の状態が音楽と建築は似ているような気がします。

（豆知識）フリードリヒ・シェリング（1775〜1854）は、フィヒテ、ヘーゲルらと共にドイツ観念論を代表する哲学者。『人間的自由の本質』（1809）以降を中期または後期思想、それまでを前期思想と呼ぶのが一般的です。後期思想は同時代人にはほとんど理解者がおらず、ベルリンの講義にはほとんど聴講者がいませんでしたが、ほぼ100年たって評価されています。

建築とは、ある時代に生まれた情感を、ある物質的形態の中に定着する精神体系である。

ル・コルビュジエ（『今日の装飾芸術』）

建築といえば、普通は物質的なものだと思います。でも近代建築の父、ル・コルビュジエは「精神体系」だと定義づけます。建築が精神のシステムだった、というのは新しい視点ですね。どんなシステムかというと、ある時代に生まれた情感や感覚を形にするシステムです。わかりやすくいうと、時代の美意識を形にしたものと言ってもいいでしょうか。

たとえばわびさびの精神をあらわすのは三畳や四畳半の茶室です。銀閣寺の書院づくりと、金閣寺のつくりとは全く美意識が異なります。金閣寺は足利義満の権力の象徴ですが、銀閣寺は月見の館です。室町時代の二つの精神を感じます。今は新しく家を建てるときに、和室をつくりたくなる人は少ないかもしれません。でも私はこたつが置ける和室がほしいと思います。和室も日本人の精神体系のあらわれではないでしょうか。

（豆知識）ル・コルビュジエ（1887〜1965）はスイス出身の建築家です。おもにフランスで活躍し、鉄筋コンクリートをつかった装飾のない平坦な建築をつくりました。フランク・ロイド・ライトとミース・ファン・デル・ローエと並んで「近代建築の三大巨匠」と言われています。上野にある国立西洋美術館は彼の設計によるものです。

［音楽］

われわれが行なうあらゆることは音楽である。

ジョン・ケージ

ジョン・ケージはアメリカの音楽家です。実験音楽を行った人で「四分三三秒」という曲が有名です。この曲は演奏者はいますが、全く演奏しません。観客のざわつきや会場の雑音が聞こえ、四分三三秒が終わります。この時間がジョン・ケージにとっての音楽です。

となると、たとえば私が街を歩いていて、

「これから三分五〇秒の音楽を作曲します」

と言い、車の音や人々のざわめき、工事の音などをアンサンブルととらえると、それが音楽になるという定義です。要するに普通に生活しているすべてが音楽というわけです。

音が出ていない静寂ですら、音楽になるというのですから、この定義の提案はとても面白いですね。そう考えると、波の音や赤ちゃんの泣き声すら、音楽に聞こえます。私たちは常に音楽をつくり出し、感じていると考えると、人生がとても豊かに感じられます。

（豆知識）ジョン・ミルトン・ケージ・ジュニア（1912〜92）は音楽の定義を広げた実験音楽家として有名です。沈黙の「4分33秒」が代表作ですが、他にもピアノの弦にものを挟んだり、居間にある物を片っ端からたたいて音を出すなど、偶然がつくる音に注目しました。音楽以外にキノコの研究でも知られています。

［ジャズ］

ジャズとは、自分が何者であるか、でしかない。

ルイ・アームストロング

ジャズの創成期の巨匠ルイ・アームストロングの言葉です。天才トランペット奏者と言われ、ジャズ史上初のスキャット・ボーカル曲を録音するなど、ジャズという黒人の音楽の領域を広げていった人です。ジャズとは"自分たち黒人のルーツをたどりながら、自分たちが何者であるかを証明する音楽である"と言っています。彼らはジャズの中に即興演奏のパートを多く設け、自己表現をしていきます。

私は大学時代にジャズが好きで、ジャズ喫茶やライブによく行っていたのですが、セッションを聴くとものすごく緊張感がありました。それぞれの演奏家が自我をもっていて、譲らない感じで自己表現をしあっています。白人から差別を受けてきた黒人たちが、自分たちの音楽を作るということで始まったのがジャズですから、その歴史を考えると、いっそうこの言葉が深く感じられます。

豆知識 ルイ・アームストロング（1901〜71）はルイジアナ州ニューオーリンズ生まれ。道端で発砲して少年院に送られるも、そこでブラスバンドに入りトランペットと出会って、ジャズの道に入りました。天才トランペット奏者と言われ、1967年にしゃがれ声で歌った「この素晴らしき世界」が、世界的なメガヒットとなっています。

［目的］

最高の目的は
全く目的を持たないということである。

ジョン・ケージ

アメリカの実験音楽家、ジョン・ケージはこの言葉に続けて、「自然の働きに即して人を自然と一致させる」と言っています。普通音楽とは、人間が人を感動させようとして作った人為的なものというとらえ方をします。

しかしケージは、音をもっと広くとらえて、環境すべての音を楽しもうと言っています。

確かに静かな森の中に入ると、鳥のさえずりや木の葉の揺れるかすかな音が聞こえてきます。耳をすましてそういう音を楽しむのは、最高の芸術かもしれません。「古池や蛙飛び込む水の音」という芭蕉の俳句があります。それまでは蛙といえば「鳴く」ことで表現されていました。飛び込む水の音として蛙をとらえたのは、芭蕉が初めてです。そのポチャンという水音に静寂を感じる。このように自然の中に溶け込み、聞こえてくるすべての音を音楽として楽しむためには、何も目的を持たないのがいいと言っているのです。

（豆知識）ジョン・ミルトン・ケージ・ジュニア（1912〜92）はアメリカの音楽家。彼が環境すべての音を楽しもうと思うようになったのは、ハーバード大学での無響室の体験がきっかけです。音が全く遮断された部屋に入ったのに、自分の脈の音、血液が流れる音が聞こえました。音は常に鳴り続けることを実感したのです。

美とはものの形をまとった快楽である。

サンタヤーナ『美の感覚』

私たちが何かを見た時に感じる、「美しい」という感覚をたどってみると、結局は快楽に行き着く、というのがアメリカの哲学者サンタヤーナの美の定義です。平たく言うときれいなものを見て、気持ちいいと感じることだと思います。こういう気持ちを最近の若者は「尊い」と言うようです。何か美しいもの、おいしいもの、上手なものなどをひっくるめて、「尊い」で表現します。あがめるほど素晴らしいという意味でしょう。

美については三島由紀夫の小説『金閣寺』が面白い視点を示しています。主人公の若い僧は子どもの頃から父親に金閣寺ほど美しいものはないと教えられて育ちます。そのため女性といても、美の象徴として金閣寺があらわれてしまう。美とは一種の刷り込みです。日本のマネキンやCMモデルが西洋人であることによって、無意識に美的劣等感を刷りこまれるのは切ないことです。

豆知識　ジョージ・サンタヤーナ（1863〜1952）はアメリカの哲学者、詩人。スペイン生まれ。アメリカに移住し、ハーバード大学を卒業、同大学で教壇に立ちます。ドイツの観念論的哲学に対して、独自の自然主義の哲学を形成。晩年はローマですごしています。

［美］

物と物とのあいだにできる影にこそ、美がある。

谷崎潤一郎『陰翳礼讃』

私は高校時代に『陰翳礼讃』を読んで陰の美に目覚めました。この随筆はまだ電気が家庭にひかれていなかった時代の日本人の美に対する感覚について書かれたものです。

薄暗いほうがいいという考え方で、日本の建築や食器、食べ物などをほめています。物そのものが美しいのではなく、物と物との間にできる陰が美しい。その陰影をほめたたえるのが『陰翳礼讃』です。

なんでも皓々と明るく照らし出してしまうと、奥行きの美しさがなくなる感じがします。昔の白黒の映画を見ると、俳優さんや風景も美しく見えます。それは影がもたらす効果だと思います。オールカラーで美しい人もいますが、白黒やセピア色がもたらす独特のロマンチックな感情は、影の効果ではないでしょうか。最近はホテルやレストランでも、間接照明で高級感を演出しています。陰影の美が再認識されているのだと思います。

豆知識 谷崎潤一郎（1886〜1965）は明治末期から昭和中期まで活躍した小説家。早くから神童といわれる秀才ぶりを発揮しましたが、家の没落にともなって、東京帝国大学を中退しています。『痴人の愛』など耽美的、官能的な作風で注目を集めます。関西に居を移してからは、古典にも関心を深め、『春琴抄』『細雪』などを発表しました。

［美］

美とは、偶然と善の織りなす調和である。

シモーヌ・ヴェイユ（『重力と恩寵』）

偶然がつくりだすものほど面白いものはありません。人が意図してつくったものはちょっせん人間の技術の域を超えませんが、偶然は人の技を超えた神の技をもたらしてくれます。ただし偶然にばかり頼っても、なかなか美にはならないでしょう。

偶然と調和するための善が必要です。ここで語られる善とは、よきものをつくろうという意思だと思います。ジャクソン・ポロックは抽象画家で、キャンバスに絵の具をぶちまけたような作品を描いています。それは偶然の産物という感じがします。でも実際は、絵の具のたれる位置や量が入念にコントロールされているそうです。私がキャンバスに絵の具をぶちまけて、美だと言っても誰もそうは思ってくれません。

美とは、善、すなわちよきものを求める気持ち・意思が、偶然と絡み合って生まれるもの。突き詰めて技術を追究した人に訪れる偶然の贈り物が、美ではないかと思います。

豆知識 シモーヌ・ヴェイユ（1909～43）はパリのユダヤ系ブルジョア家庭に生まれた思想家。兄は数学者のアンドレ・ヴェイユです。第二次世界大戦中に無名のままイギリスで亡くなります。34歳でした。戦後、彼女が知人に託したノートを出版した『重力と恩寵』が異例のベストセラーとなり、その存在が知られるようになりました。

［美］

美しさは、
あなたが自分自身になることを決めた瞬間に
生まれます。

ココ・シャネル

ジャージーの生地を高級婦人服に取り入れるなど、常に時代を牽引した、ファッションデザイナーのココ・シャネルの言葉は、説得力があります。自分自身を受け入れ、自分の良さはこれなのだと納得し、それを表現する時に美しさが出るということです。自分の美しさは自分で決められますよという励ましでもあります。たとえば美しい目の基準は二重まぶただという美容系のCMがあります。一重まぶたの人はコンプレックスをもつように圧力をかけられます。一重の私はこれを〝二重帝国主義〟と呼んでいます。しかし一重まぶたの人が「自分は自分自身になる」と決めた瞬間に、一重は美しいと思えます。

画家のゴッホは南仏の光と出会い、南仏の黄色に出会って、これが自分自身の表現したいものだと感じました。初めて自分自身を見つけた瞬間でした。自分自身を見つけた瞬間に美が生まれるのです。

豆知識 ココ・シャネル（ガブリエル・ボヌール・シャネル、1883〜1971）は20世紀初頭から活躍したフランスのファッションデザイナーで実業家。パリで帽子専門のブティックを開店して、デザイナーとしての道を歩み始めました。シャネルは、今でも世界有数のファッションブランドとして支持されています。

歌は遊戯でなくて、
皆さんの心の中の最も美しい、
最も高い感情に、
言葉の姿と音楽の調子とを
与えた芸術品なのでございます。

与謝野晶子（講演「女子の活動領域」）

ここでいう「歌」は五七五七七の短歌のことです。短歌は心の芸術というのが与謝野晶子の定義です。こんなに美しく歌を定義できるのは、さすがに短歌の本質をつかまえている人ならではですね。続いて、「一音一語の歌が、話されたものです。この言葉は講演会で話一音一語も抜き差しならぬまでに洗練され、玉を連ねたように明るくて、濁りのない絵の具を並べたように美しく、且つ正確でありたい」と述べています。自分の用いる言葉を選んでいるうちに洗練されてくるということでしょう。彼女は創作についても「何事かの上に新しい発明をして、文化の一部に貢献すること」と定義しています。創作などできないと思っている人がいるかもしれませんが、誰でもできます。私も大学生に短歌や俳句をつくってもらうと、みな充実感があると言います。自分がアウトプットして、世の中に何かを付け加えたという感覚が充実感になります。

豆知識 与謝野晶子（1878〜1942）は歌人であり、作家。夫の歌人与謝野鉄幹とともに、詩歌雑誌『明星』を主宰して、日本の歌壇をリードした人です。浪漫主義の中心として島崎藤村や石川啄木らにも影響を与えました。評論活動にも積極的で、とくに女性問題について多く発言した評論が残っています。

［和歌］

やまとうたは、人の心を種として、万の言の葉とぞなれりける

紀貫之（「仮名序」『古今和歌集』）

「仮名序」とは、平安時代の歌人紀貫之が『古今和歌集』を編纂した時に仮名で書いた序文です。"初めて和歌について本格的に論じたもの"として有名です。ちなみに紀貫之は『土佐日記』の作者です。「和歌とは何か？」というと、人の心が土に埋まっている種で、それが育って木となり、たくさんの言葉の葉っぱになったものだと言っています。『古今和歌集』には五七五七七の和歌が数多く載っていますが、それらは全部、言の葉であり花なのです。

これには続きがあり、「生きていればいろいろな出来事があり、心も揺れ動くから、人はそれを言葉にして表現するのだ。鶯や蛙の声を聞くと、すべての生きものはみんな歌を詠っているではないか。力を入れないで天地を動かし、鬼神をもしみじみと感じさせ、男女を仲良くさせ、勇猛な武士の心を和やかにする。それが和歌である」と言っています。

(豆知識) 紀貫之（866または872？〜945？）は平安時代活躍した貴族であり、歌人です。平安時代の和歌の名人三十六歌仙に数えられています。「仮名序」は仮名で執筆された歌論となっており、和歌の成り立ち、和歌の分類、和歌のあるべき理想像、和歌の将来像などが理論的に語られています。

[言葉]

人の言葉は残ります。
それは山よりも川よりも強いとさえ思える。

ドナルド・キーン

NHKテレビのドキュメンタリー番組『一〇〇年インタビュー』の中で語られた言葉です。ドナルド・キーンによると、松尾芭蕉が奥の細道の旅の中で、とくに感動したのは自然ではなく、古人の言葉が刻まれた石碑の数々だったそうです。なぜなら「言葉は残る」ことを実感したためです。一六九四年に亡くなった芭蕉自身の言葉や俳句は今も残っていて、現代に生きる我々も読むことができます。「言葉は死なない」し、「消えない」のです。キーンは「文学が内包する力は非常に強靭なものです」と言います。

人は死んでしまうし、建物も老朽化して朽ちてしまいます。時の流れの中では、山が崩れたり、川の流れが変わったりもします。しかし言葉は、残し方をきちんとすれば、ずっとのちの世まで存在しつづけます。たぶん芭蕉の句は、今後も消えることはないと思います。一番最後に残るもの——それは言葉です。

(豆知識) ドナルド・キーン（1922〜2019）はアメリカ出身の日本学者。ニューヨークの貿易商の家庭に生まれました。16歳のときに、コロンビア大学の奨学金を得て、同大文学部に飛び級で入学。『源氏物語』を読んで感動し、日本文学研究に取り組みました。日本語と日本の文学作品をこよなく愛し、2012年に日本国籍を取得しています。

［言葉］

言葉というのは不思議なものよ。(略)
人間の音色なのよ。

杉村春子

往年の大女優杉村春子はこんなことを言っています。「今でも汽車が広島へ近づいて、地元の人が乗ってきて広島弁をしゃべるのを聞くと、人間の血というか、風土というか、それが騒ぐの、ああ帰ってきたなって」。このでいう言葉とは、方言のことを指すのでしょう。テレビの番組で、本当の津軽弁を話しているのはどの地域かを探す企画があり、最終的に、演歌歌手の吉幾三さんの地元だとわかりました。彼のしゃべる津軽弁は、その地域の音色、風土が溶け込んだ言葉なのです。

言葉というのは、音楽みたいなものかもしれません。人は地元に帰ると、地元のしゃべり方で言葉を発するのですから。ちなみに映画『仁義なき戦い』を方言の視点で見ていただきたいです。主役は菅原文太ですが、言ってみれば広島弁が主役です。広島弁によって、映画のシーンが際立ちます。それも音色であるということでしょう。

(豆知識) 杉村春子（石山春子、1906〜97）は広島出身の新劇の女優。築地小劇場に始まり、文学座の中心女優として日本の演劇シーンを支えました。当たり役は『女の一生』の布引けいや、『欲望という名の電車』のブランチなど。『東京物語』『麦秋』など小津安二郎作品の常連で、日本映画史を彩る数多くの映画に出演しています。

［言葉］

言葉は翼を持つが、思うところには飛ばない。

T・S・エリオット

言葉は軽やかに飛んでいきます。話された言葉は話者の身体をはなれ飛び、書かれた言葉も拡散します。シェイクスピアの『ロミオとジュリエット』でも言葉が重要な要素になっています。言葉が思ったところに飛ばないケースとして、私は『余計な一言』という本を書いたことがあり、時々取材を受けます。

なぜかというと、世の中には政治家をはじめ失言をする人があとを絶たないからです。

場を盛り上げようとして、ちょっと面白いことを言ったつもりが、すべって炎上するということはよくあります。言葉は羽のように軽く、しかも意図したところに飛んでいかないので、日本中に失言が広まってしまうのです。「口は災いのもと」ということわざがありますが、まさしく、言葉が思うところに飛んでいかないという戒めではないでしょうか。

豆知識 トーマス・スターンズ・エリオット（1888〜1965）はイギリスの詩人、批評家です。アメリカの裕福な家庭に生まれましたが、のちにイギリスに拠点を移し、生家とは断絶します。長詩『荒野』で有名になったほか、批評集『神聖の森』が知られています。1948年ノーベル文学賞を受賞しています。

［言葉］

言葉はかけ算に似ている。
かけ算ではどんな数も
最後にマイナスをかけたら、
答えはマイナスになる。

斎藤茂太（『いい言葉は、いい人生をつくる』）

言葉を足し算だと考えた場合、一〇〇のプラスの言葉を言い、最後にマイナスの言葉を一つ言ったとしても、九九プラスが残る計算になります。しかし、精神科医で作家の斎藤茂太は、言葉はかけ算だと指摘しています。最後にマイナス一をかけるとマイナス一〇〇になって終わります。だから最後の一言が大事だと強調するわけです。たくさんほめても、「最後に一つ、君はここのところがよくなかったかなあ」と言ったとすると、若い人はそれだけで心折れてしまいます。

交渉術では、ノーをイエスとイエスで挟むサンドイッチ方式がいいと先に書きましたが、私は、さらに間に挟む否定さえなくしています。相手の長所やストロングポイントだけを言い続ける、良さだけを指摘して終わる、あるいは肯定的なアドバイスしかしないように心がけています。マイナスがないので、学生たちは素直に聞き入れてくれます。

豆知識 斎藤茂太（1916～2006）は精神科医で随筆家です。父親は精神科医で歌人の斎藤茂吉。弟は精神科医で作家の北杜夫。生涯に170もの本を出し、豊かな人生経験に基づく言葉で、人生を楽しく生きるコツを語り続けました。『いい言葉は、いい人生をつくる』（成美文庫）所収。

落語とは、人間の業の肯定である。

七代目立川談志

七代目立川談志は波乱万丈な生き方をした人です。その談志が生前残した有名な言葉が「落語とは、人間の業の肯定である」でした。

人間はどうしようもない生き物です。それを全部肯定するのが落語である、というのは、人間に対する救いです。「なぜこの人、こんなばかなことをするんだろう」と笑えるのがいいのです。笑うことで、業を背負っていても楽になれます。

立派な人間になる方法を書いたのが『論語』だとすると、落語は『論語』とは対極にあるものでしょう。

五代目古今亭志ん生も『親子酒』という演目で「落語てえものは、落とし咄で、高いところにものをあげときまして、それが落ちるというのが落語でございまして」と話しています。たとえば、政治家や王様のように高い地位にいる人をうまく茶化してみる。すると笑いが起きます。権力を茶化す方法としても落語が持つ意味は大きいのです。

(豆知識) 立川談志（1936〜2011）は東京生まれの落語家です。高校を中退して柳家小さんに入門。舌鋒鋭い社会批判や毒舌で人気を集め、参議院議員も務めました。師匠の小さんが会長を務める落語協会と対立し、脱会。「落語立川流」を創設して家元を名乗りました。食道がんのため声を失い、75歳で亡くなりました。

［思想］

危険ならざる思想など
およそ思想と呼ぶに値しない。

オスカー・ワイルド（『芸術家としての批評家』）

オスカー・ワイルドは面白い作家です。世紀末の頽廃的な芸術を生み出した中心的存在です。多くの名言を残しているので、名前を知っている人もいるのではないでしょうか。

ワイルドに言わせると、思想は危険なもので
す。なぜなら現在のみんなが持っている考えをひっくり返すようなものだからです。たとえばココ・シャネルが出てきた時、それまでの装飾的で体をしめつける女性の服はすべて吹き飛んでしまい、シャネルがつくる機能的な衣裳が女性のファッションの中心になり、「皆殺しの天使」と呼ばれました。これまでの価値観をすべて古くさいものにしてしまうという意味で危険な思想だったのです。価値観をひっくり返すのが思想のポイントです。

日本でいえば親鸞の「悪人正機説」が危険な思想といえます。悪人（罪深い凡夫）こそが阿弥陀仏の救いの対象になるという発想は、それまでの仏教の常識を覆す危険な教えです。

（豆知識）オスカー・ワイルド（1854〜1900）はアイルランド出身のイギリスの作家、劇作家、詩人です。『ドリアン・グレイの肖像』や『幸福な王子』など数多くの作品を残しています。社交界の人気者でしたが、男色を知られて投獄され、失意のうちにパリで亡くなっています。

宗教は民衆のアヘンである。

マルクス（『ヘーゲル法哲学批判序説』）

宗教はアヘンである、というのは断定的で厳しい言い方です。いろいろな宗教を信じている方がいると思いますが、有名な定義なので、あえてとりあげました。マルクスは心や精神ではなく物質を世界の根源とする唯物論者で、無神論の立場をとります。自分の運命は自分で引き受けて、生きていけばいいのだから、神は必要ない、という考え方です。彼によると宗教は人間が自分で判断して行動できるようになるまでの幻想的な太陽であり、神は悩んでいる人のため息であって、リアリティのある救いにはならないということです。

抑圧された階級の人たちが、宗教によって一見気持ちがよくなっても、搾取されている状況に何の変化もありません。そんなアヘンを吸ってごまかされてはダメだ、目をさませ、と言っているのです。しかし、今は宗教が再評価されている面もあります。いろいろな考え方があると理解しておきましょう。

豆知識 カール・マルクス（1818〜83）はドイツ出身の哲学者、経済学者です。同じく経済学者のフリードリヒ・エンゲルス（1820〜95）とともに『共産党宣言』を発表。物質が精神や心より上にあるとする唯物史観を確立し、マルクス経済学の集大成である『資本論』を書き上げました。

［自己本位］

自己が主で、他は賓であるという信念は、
今日の私に非常の自信と安心を与えてくれました。

夏目漱石（『私の個人主義』）

夏目漱石はロンドンに留学していた時、精神的に落ち込んでしまいます。漱石の専門は英文学でしたので、留学した当時は、英国人の学者がこう言っているからこうなのだ、と他人本位に語るしかなかったからです。自分がまるで袋に入っているような状態になってしまい、それを内側から突き破るキリが欲しいと切実に思ったのです。その状況を破ったのが「自己本位」という四文字でした。

ある時、自分の思ったことを言おう、自己本位で行こうと決意しました。要するに個人主義で行く、ということです。国や先進国や権力者の顔色ばかりうかがっていると、自分を失って自信喪失におちいります。しかし、自分は自分の道を行くと腹を決めれば、力がわいてきます。漱石も自己本位という言葉を見つけた時「ようやく自分の鶴嘴をがちりと鉱脈に掘り当てた気がした」と表現しています。賓は、主に従うものという意味です。

豆知識 夏目漱石（1867〜1916）は日本を代表する小説家です。『私の個人主義』は大正3年に学習院大学で行った講演をまとめたものです。漱石はロンドンの下宿でノイローゼになり、日本に「夏目発狂セリ」という電報を打たれました。しかし「自己本位」という言葉を手に入れ、進むべき道がはっきり見えたのです。

楽観論者と悲観論者は、幸せな馬鹿と不幸な馬鹿だ。

映画『黒衣の花嫁』

楽観論に偏っても、悲観論に偏っても、どちらもうまくいきません。楽観も悲観もしないのが、成功の王道ではないでしょうか。スポーツ選手の中でも一流といわれる人は、楽観も悲観もしていないことが多いと思います。

私はメジャーリーガーの大谷翔平選手が好きで、インタビューをよく聞きますが、彼の言葉は悲観論でも楽観論でもありません。その ままを見て、きちんと対策を立て、一歩ずつ着実に進んでいる印象を受けます。大谷選手を見ていると、幸せな馬鹿でも、不幸な馬鹿でもない道もあるのだな、と思います。

そうした中庸のあり方がある一方、経営の神様と言われる稲盛和夫さんの「楽観的に構想し、悲観的に計画し、楽観的に実行する」というあり方もあります。ある時は楽観的に、ある時は悲観的に戦略を使い分ければ、ビジネスではうまくいくこともあるでしょう。ケースバイケースということですね。

［マルクス主義］

私はマルクス主義者ではない。

マルクス

カール・マルクス本人がフランス労働党に対して言った有名な言葉です。マルクス主義の大元になった人が、自分はマルクス主義者ではないと言うのは不思議ですね。しかし、確かに何々主義となってしまうと堅くなり、教条主義的になってしまいます。それ以外は許さないと決めつける感じが強くなります。

それはやがて、マルクス主義者ではない人をバカにしたり、憎んだりすることにつながります。また、内部で憎みあったり、内ゲバなど内部抗争が続いたりする事態を生み出してしまいます。学生時代、マルクス主義の人と話すと、いつも資本主義批判になり少々しんどい気がしましたが、マルクスの論調自体はさほど決めつけていない感じがしました。『ユダヤ人問題に寄せて』などを読むと、マルクスの幅広さやユーモア感覚を知ることができます。この言葉のように考えられるところが、彼の大きさであり、良さかもしれません。

豆知識 カール・マルクス（1818〜83）はプロイセン王国のユダヤ人弁護士の家庭に生まれた哲学者、経済学者、革命家です。大学で哲学を学び、卒業後はジャーナリストとして活躍。盟友フリードリヒ・エンゲルス（1820〜95）とともに『共産党宣言』や『資本論』を著わし、社会主義および労働運動に強い影響を与えました。

民主主義とは、
人民の人民による人民のための脅しにすぎない。

オスカー・ワイルド（『社会主義下の人間の魂』）

劇作家、詩人のオスカー・ワイルドは、世の中は少数派を圧殺するものと捉え、「民主主義などそう簡単に信用しないぞ」と思っていたのです。なぜワイルドがこんな皮肉なことを言ったのかというと、一つは彼が同性愛者だったからでしょう。もし民主主義の名のもとに多数決で同性愛はいけないとか悪魔などと決定されたら、存在自体を否定されることになります。

実際ワイルドは同性愛を理由に逮捕され、二年間の懲役刑を言い渡されて服役しました。そういうこともあり社会主義に傾くのですが、最後は無政府主義者のようになります。なぜなら、人間は管理などされたくないのだから無政府主義でいいのだ。そういう極端な考え方です。この言葉は、民主主義の名のもとでも、個人を制限し、自由を奪い圧殺するような事態が起きているかもしれないぞ、という物の見方を提示しています。

豆知識 オスカー・ワイルド（1854〜1900）はアイルランド出身のイギリスの作家、詩人、劇作家。『社会主義下の人間の魂』を描いたのは37歳の時です。彼はジャーナリストとしても活躍し、社交界の人気者になっていましたが、運命の相手アルフレッド・ダグラスと出会い、人生が変わり、その後不本意なうちに生涯を閉じます。

［プラグマティズム］

プラグマティックな方法というものは、（略）
結実、帰結、事実に向おうとする態度なのである。

ウィリアム・ジェームズ（『プラグマティズム』）

プラグマティズムとは実用的な哲学で、いろんなものを結果、影響といった事実に基づいて考える思考法です。アメリカ的な哲学として定着しました。哲学者、心理学者のウィリアム・ジェームズは、抽象的にものを考えるだけではなく、常に事実と照らし合わせて「その概念・考え方は、本当に機能しているのか」を確かめるべきと言いました。

機能するのであれば妥当な考え方だが、何も機能しないのであれば、"単なる抽象的な概念にすぎず、空想しているだけ"になってしまうと言うのです。常に事実と向き合うプラグマティズムを、一度は練習しておくといいと思います。たとえば「物騒な世の中になってきたね。ひどい犯罪ばかりだ」とよく言いますが、統計を見てみると凶悪犯罪は激減しています。意外な事実に驚くでしょう。このように事実と向き合うと、その考えが違っていることがわかったりするのです。

（豆知識）ウィリアム・ジェームズ（1842〜1910）はアメリカ合衆国の哲学者で心理学者です。哲学だけでなく心理学や生理学の著書も多数出版しています。プラグマティストの代表として知られ、また「人間の意識は動的なイメージや観念が流れるように連なったものである」という意識の流れの理論を提唱しアメリカ文学に影響を与えました。

［スタイル］

スタイルとは、一貫した変形作用である。

メルロ゠ポンティ（『世界の散文』）

「一貫した変形作用」とは、たとえばビートルズの曲をジャズのスタイルで演奏すると、ジャズになってしまうことを言います。バロック音楽の父と言われるバッハの曲も、ジャズ風に変形するとジャズになります。この場合、ジャズが一貫した変形作用であり、スタイルということになります。絵画の世界でも、ゴッホにはゴッホの、ルノワールにはルノワールのスタイルがあります。ゴッホとルノワールの作品を間違える人は、きっといないと思います。二人とも色の使い方から構図の取り方、陰影の出し方まで、すべて自分なりに一貫した変形を行って表現しており、それぞれ違うわけです。ジャズのマイルス・デイヴィスは「オレにとって、音楽も人生もスタイルがすべてだ」と言いました。音楽も人生もスタイルは「オレにとって、音楽も人生もスタイルがすべてだ」音楽も人生もすべてだ、という一貫した変形作用が、いわゆる個性になるのだと思います。

（豆知識）モーリス・メルロ゠ポンティ（1908〜61）はフランスの哲学者で、知覚を手がかりに世界を考察する現象学の発展に尽くしました。『知覚の現象学』『眼と精神』『世界の散文』など、多数の著書が出版されています。ちなみに「一貫した変形作用」を数学的に表現すると、y＝f(x)という数式の関数fがそれにあたります。

愛と憎しみ

[愛]

愛は幻想の子であり、幻滅の親である。

ミゲル・デ・ウナムーノ（『生の悲劇的感情』）

愛は最初に幻想が必要、とスペインの哲学者ミゲル・デ・ウナムーノは言います。彼は、人間を今ここにある存在としてとらえる実存主義に傾倒していたので、愛に対する見方が現実的です。最初に幻想があって、愛が生まれる。そして愛が終わったら幻滅が訪れます。

幻想→愛→幻滅の順です。幻想、つまり思い込みがあって、次に愛が生まれる、というわけですね。典型的な例を学生から聞いたことがあります。

彼はバイトの初日、その日でバイトをやめる女性と短い仕事の引き継ぎをしたのですが、そのわずかな時間で、「結婚するのはこの人だ！」とピンと来ました。つまり思い込みです。そこからつきあいが始まって、結婚しました。

幸い幻滅までは進んでいないようです。必ずしも全員が幻滅に進むとは限りませんが、愛の始まりにはときにはそういう勢いと幻想が必要なのかな、と思います。

豆知識 ミゲル・デ・ウナムーノ（1864〜1936）はスペインの哲学者、詩人、劇作家です。米西戦争で敗北し、自信喪失の中でスペインの未来を模索した「98世代」といわれる作家たちの代表です。スペインの思想に大きな影響を与え、「南欧のキルケゴール」ともいわれました。

［愛］

一人の人間を愛するとは、
その人間と一緒に年老いるのを受け入れることに
ほかならない。

アルベール・カミュ（『カリギュラ』）

人はいつまでも若いままではいられません。しわだらけになっても、腰が曲がっても、それでもなお、お互いを受け入れることができるのか。相手のマイナス面も愛せるのか、それができてこそ愛だと作家カミュは定義するのです。カミュの愛にはもう一つ意味があります。それは長い時間の経過です。年をとるとは、長い時間をゆっくりとすごすことを意味します。つまり歴史がお互いの信頼感につながっていくのです。

小学校や中学校の同級生に会うと、互いの歴史を知っているので、年をとってからも仲良く過ごせそうな気がします。「はたしてこれは愛なのか」と迷った時、カミュの定義を思い出して、こう問うてみるといいでしょう。「この人と年老いるまで、ゆっくり長い歴史を共有して過ごせるのか」と。「ＹＥＳ」と思ったら愛と定義してもいいでしょう。

豆知識 アルベール・カミュ（1913〜60）はアルジェリアで労働者の家庭に生まれました。苦学して大学へ進学。卒業後は反政府活動に身を投じ、パリで抵抗運動に参加します。人間の不条理や尊厳を描く数々の小説、評論、脚本などを発表。ノーベル文学賞も受賞しています。おもな作品に『異邦人』『シーシュポスの神話』『ペスト』などがあります。

[愛]

愛は、地中にあって変わらない
巌のようなものである。

エミリー・ブロンテ（『嵐が丘』）

エミリー・ブロンテの『嵐が丘』は世界中で読み継がれている恋愛小説です。愛の定義は巌である、とはヒロイン、キャサリンの言葉です。主人公のヒースクリフに対する彼女の愛は地の中にあって変わらない巌であり、なぜそれほど深い愛なのかというと、自分とヒースクリフの魂は一つだからと言っています。これに対して、キャサリンの夫になるリントンとの愛は「森の木の葉のよう」「時が変えていくでしょう」と言っているので、巌とは比較になりません。またヒースクリフのキャサリンに対する執念はすさまじく、死んだら自分にとりついてくれ、とまで言っています。私は『嵐が丘』は「愛のプロレス」ではないかと思っています。お互い技を出し合ってやっつけあい、二人で愛という作品をつくっていく。自分がやってみたいかと言われると、しり込みしてしまいますが、世の中にはこういう恋愛もあるということでしょうか。

豆知識 エミリー・ブロンテ（1818〜48）はイギリスの作家です。3姉妹の真ん中で、姉のシャーロットは『ジェーン・エア』を、妹のアンはエミリーと詩集を残しました。『嵐が丘』はイギリス北部の荒涼とした地で繰り広げられる愛憎の物語。孤児で引き取られたヒースクリフと屋敷の娘キャサリンとの悲恋の物語。

［愛］

愛は寛容であり、愛は情け深い。（略）
愛はいつまでも絶えることがない。

『新約聖書』（コリント人への第一の手紙）

これは『新約聖書』の言葉で、後ろに「ねたむことをしない。愛は高ぶらない、誇らない、不作法をしない、自分の利益を求めない、いらだたない、恨みをいだかない。不義を喜ばないで真理を喜ぶ。すべてを忍び、すべてを信じ、すべてを望み、すべてに耐える」と続きます。読む人は「愛とは、このように言いかえられるのか」と納得し、「自分には愛が足りなかった」と反省したり、「愛があるから、自分はこれから生きていける」と確信をもったりするのでしょう。愛は無尽蔵です。

愛は奪うものではなく、与えるもの。自分のためにではなく、人のために何かをしたいと思う気持ちです。したがってこの言葉は、自分が抱いている感情が愛なのか、そうではないのかを識別するチェックリストの役割も果たします。子どもやペットにかける愛情は、あくまでも愛であるると確信できますね。ですから、まぎれもなく愛であると確信できますね。

豆知識 『新約聖書』はイエス・キリストの教えを弟子たちがまとめたものです。「コリント人への第一の手紙」は使徒パウロがコリントの教会に宛てた書簡のこと。愛の定義は第13章に出てきます。この4節から8節は「愛の賛歌」とも言われ、結婚式で神父や牧師さんの話によく登場することでも知られています。

[愛]

愛するということは、不運である。
おとぎ話の人々のように、
魔法が解けるまでは
それに対してどうすることもできないのだ。

プルースト（『失われた時を求めて』）

フランスの作家プルーストが『失われた時を求めて』という大長編小説の中に書いた言葉です。愛は魔法であると言っています。愛に浸されて生きている時間は、人生の中でも特別な満たされた感じに包まれます。その時脳内では、様々な物質が出ています。興奮した時に出る快楽物質ドーパミンや、心が癒された時に出る幸せ物質オキシトシン、セロトニンが、その魔法が解けるまで出続けているわけです。夢の中にいるような、ホワンとした気持ちのいい状態が脳の中で起こっていて、それがしばらく続いていく。

やっかいなことに、理性ではどうすることもできず、「おとぎ話の中の人々のように」魔法が解けるまで身動きが取れません。一般に恋愛が続くのは四年という説もありますから、やがては何かのキッカケで覚めるのでしょう。でも、もしかしたら魔法が解けず、一生覚めない愛もあるのかもしれません。

豆知識 20世紀を代表する作家の一人、マルセル・プルースト（1871〜1922）は、パリの裕福な家庭に生まれました。代表作の『失われた時を求めて』は、「最も長い小説」としてギネス世界記録に認定されています。冒頭の紅茶に浸したマドレーヌの香りから、幼い頃の鮮明な記憶が次々によみがえるシーンは有名です。

［愛］

愛とお金の違いは何か。
人にいくらかあげてしまうとお金は減る。
しかし愛をあげた時には、
愛は増えるのである。

ジョン・テンプルトン

「間違いなく今世紀最も偉大な投資家である」と評されたジョン・テンプルトンの言葉です。「愛とお金の違いは何か」と問いかけ、お金は人にあげると減るけれども、愛は人にあげると増えるのだと言っています。この場合の「あげる」は、返してもらうことは考えず、見返りを求めないということです。たとえば人を応援することを考えると、理解しやすいかもしれません。人を応援する気持ちに利害は含まれません。ただがんばってほしいとか、活躍してほしいと相手に愛を注ぐわけです。その人が結果を出すと、もっと応援したくなります。スターの追っかけをしている学生が私の教え子にもいますが、相手から認知されたいとは少しも思っていません。自分の存在は抜きにして愛情だけを注ぎ込む場合、愛は増えていくのだとテンプルトンは言っているのです。愛が増えるということは、つまり幸せが増えるのです。

豆知識 サー・ジョン・マークス・テンプルトン（1912〜2008）はアメリカ生まれのイギリス人投資家で銀行家。長老派のクリスチャンでもあります。篤志家として知られ、「歴史上最も偉大な篤志家の一人であり、生涯で10億米ドル以上を社会貢献活動に使った」と言われます。まさに"愛をあげれば愛は増える"を実践し続けた人です。

［愛］

愛とはレンガのようなもの。
それで家を建てることもできるし、
死体を水に沈めることもできる。

レディー・ガガ

レディー・ガガの切れ味鋭い定義です。

「愛とは?」と聞かれて「レンガ」と答える人は、なかなかいないと思います。レンガと言えば、私は『三匹の子豚』を思い出します。三人兄弟の一番下の弟が、オオカミに襲われても大丈夫なようにレンガの家を建てるのです。私も兄弟の三人目なので、しっかりしなくてはと思って生きてきました。レンガは愛する人を守ることもできるし、死体を沈めることもできる。ミステリーみたいですね。

皆さんも、愛の定義を作ってみたら面白いのではと思います。たとえば、縄、ロープはどうでしょう。二人を結びつけることもできるし、縛ることもできるというオチです。

サン=テグジュペリは、「愛とは、お互いを見つめ合うことではなく、ともに同じ方向を見ること」と言っています。

（豆知識）レディー・ガガ、本名ステファニー・ジョアン・アンジェリーナ・ジャーマノッタ（1986〜）は世界的に有名なアーティストの一人。2010年にアメリカの雑誌『タイム』で、世界で最も影響力のある有名人のアーティスト部門1位に選ばれました。2011年には雑誌『フォーブス』が発表する「世界でもっとも影響力のあるセレブ100人」で1位に選ばれました。

［恋愛］

恋愛は、人生の花であります。

坂口安吾『恋愛論』

坂口安吾が『恋愛論』の中でこの言葉を書いた時、実は恋人とのこじれた関係に苦しんでいました。それでもなお「人生の花だ」と言っているのですから、恋愛は人生のパワーの源になるような素晴らしいものなのでしょう。

恋愛と結婚は別物ではありますが、ここで統計を一つ。今は、生涯未婚率は男性が二八・三％、女性は一七・八％というデータがあります（二〇二二年公開版）。一九七〇年を振り返ってみると、この生涯未婚率が男性は一・七％なのです。当時は九八・三％の人は結婚したわけです。比べると、今はなかなか大変な状況です。

そこで大事なのは、とりあえず「推し」をつくることらしいです。ファンのレベルではなく、もう少し気持ちの入れ込み方が強いのです。すると、人生の花たる恋愛エネルギーのようなものが湧いてきて、心が華やぎ、わくわく、うきうきできるということです。

（豆知識）坂口安吾（1906〜55）は憲政党所属の衆議院議員、坂口仁一郎の五男として新潟市に生まれました。東洋大学印度哲学倫理学科を卒業し、アテネ・フランセでフランス語を学んでいます。昭和の戦前、戦後にかけて活躍した小説家で、無頼派、新戯作派と呼ばれます。代表作は『堕落論』『桜の森の満開の下』ほか。

［恋愛］

恋愛が与えうる最大の幸福は、
愛する女の手をはじめて握ることである。

スタンダール（『恋愛論』）

スタンダールは『恋愛論』の中で、恋愛がどんどん進み、深まっていくのがいいわけでもないと言っています。むしろ「最大の幸福」は愛する人の手を「初めて握ること」だと言うのです。初めて手を握る時は、新鮮で刺激的です。望んでいたことが一度そこで成就する、通じ合うということでしょう。初恋の「初」の字には、初々しい切ない胸の高まりが感じられます。島崎藤村の『初恋』という詩は、まさにそういう感じです。「やさしく白き手をのべて林檎をわれにあたへしは薄紅の秋の実に 人こひ初めしはじめなり」ということで、女の子に林檎を手渡しでもらったその瞬間の幸せがうたわれています。

〝初なんとか〟というのは初々しく新鮮ですね。初めて触れたあの瞬間、初めてキスしたあの瞬間。思い出すたびに幸せ感が溢れる。いつまでも記憶に残りますから、それだけインパクトが強いということでしょうか。

豆知識 スタンダール、本名マリ＝アンリ・ベール（1783〜1842）はグルノーブル出身のフランスの小説家です。39歳のときに『恋愛論』を、47歳で『赤と黒』を発表しています。『恋愛論』は心理的立場から恋愛について考察したもので、愛する人を想像力で美化してしまう心理的作用を「結晶作用」と言ったことでも知られています。

［好き］

「後ろ姿」をいいなぁと思えたら、
それは好きだっていうことだと思います。

糸井重里（『ボールのようなことば。』）

その人を好きとか愛するという感覚は、正面から見た姿ではなく、後ろ姿を見た時にはっきりわかります。確かに私も、うちの犬を見た時、もちろん正面からでもかわいいのですが、後ろ姿を見た時にたまらなく愛おしさがこみあげてきます。なぜかというと、後ろ姿は無防備で、こちらに意識が向いていないからです。

伊勢正三さんの『雨の物語』という歌の歌詞にも「化粧する君の　その背中がとても小さく見えて　しかたないから　ぼくはまだ君を　愛しているんだろう」とあります。

「好き」とは、その人の後ろ姿をいいなと思うこと。なるほどと思います。定義した糸井重里さんは日本におけるコピーライターの第一人者です。さすが、言葉を扱うプロですね。

（豆知識）糸井重里（1948〜）は日本におけるコピーライターの第一人者です。「おいしい生活」「いまのキミはピカピカに光って」「生きろ。（もののけ姫）」など有名なコピーがたくさんあります。この文章は、『ボールのようなことば。』（ほぼ日文庫）所収。

「世話をした相手には、いつまでも責任があるんだよ。守らなければならないんだ」

サン゠テグジュペリ（『星の王子さま』）

フランスの作家サン゠テグジュペリのこの言葉は、『星の王子さま』の中で友だちになったキツネが、「かんじんなことは目に見えないんだよ」と言った後で伝えました。自分に懐かせてしまったものには、責任があるということです。出会っても縁がなければ、絆は生まれません。しかし、そこで触れ合い、お互いの存在が習慣になり、相手が自分に懐いたとすると、「じゃあ、この関係を切ります」と一方的に切ってはいけません。相手が傷つくからです。

王子さまは自分が後にしてきた星に咲くバラの花の「世話をしないといけない」責任があるのです。ほかにどれほどたくさんのバラが咲いていようと、自分のバラに対しては責任をもたないといけないのだと、キツネは教えています。バラの花を「異性」「ペット」などと置き換えてみると、いろいろな関係にもあてはまりますね。

豆知識 アントワーヌ・ド・サン゠テグジュペリ（1900〜44）はフランス・リヨンの伯爵の子として生まれました。『夜間飛行』『人間の土地』などで知られる作家であり飛行家です。『星の王子さま』は世界的なベストセラー。機体トラブルでサハラ砂漠に不時着した時の、絶体絶命の体験をベースに書かれました。

［許す］

弱い者ほど相手を許すことができない。
許すということは、強さの証だ。

マハトマ・ガンジー

ガンジーはインドの独立運動で、「非暴力、不服従」を掲げました。当時イギリスがインドで行っていた塩の専売制度に抗議した「塩の行進」の話は有名です。ガンジーは仲間と共に三八〇キロも離れた海岸まで延々と歩き、最後に海辺で泥の混じった塩をつかんで掲げました。その行進の間中、メディアが報道を続けたので、大英帝国の税金のかけ方のひどさを世界にアピールできたのです。この戦いも〝非暴力〟がポイントでした。そして、相手が撤回すれば許します。

オーストリアの動物学者コンラート・ローレンツは『攻撃』という本で、動物は、たとえばおなかを見せるなど降参の儀式をしたら、もうそれ以上は攻撃しないと言っています。

無制限に攻撃を続けるのは人間とのこと。いつまでも怒っていて「許せない！」と言い続ける人は、心が小さく、弱い人かもしれませんね。

(豆知識) インド独立の父、マハトマ・ガンジー（モーハンダース・カラムチャンド・ガーンディー、1869〜1948）はインドのグジャラートで、当時のポールバンダル藩主国の宰相の子どもとして生まれました。「マハトマ」とは「偉大なる魂」という意味で、インドの詩聖と言われるタゴールから贈られた尊称であるとも言われています。

［許す］

他人を許すことのできない人は、
自分自身が渡らなければならない橋を
壊しているようなものだ。

トーマス・フラー

　SNSの世界では、「許せない！」という言葉をよく見かけます。芸能人のスキャンダルに対して使われたりします。それが刑罰を科されるような犯罪であればまだしも、それほどのことでもないのに、「許せない！」と騒ぎ立てるのはどうなのでしょうか。正義感という鎧をまとい、相手は正義から外れていると決めつけて徹底的にたたき続ける。しかし、そういう人たちも清廉潔白かといえば、時に〝許されない〟ことをしているでしょう。

　ナサニエル・ホーソンが書いた『緋文字』という小説があります。ピューリタンの世界の出来事で、アダルトリィ（不倫）の「A」という赤い文字を胸に刺しゅうされ、その服を着続けるよう罰せられた女性の話です。その女性はずっと黙々と働いた結果、胸の「A」はエイブル（有能）の象徴に変わっていきます。みんなが許していったという

ことです。人は、許すことが大事なのです。

豆知識 トーマス・フラー（1608〜61）はイギリスの聖職者で歴史家です。著書に『イギリス名士列伝』『聖戦の歴史』などがあります。ユーモアのセンスに優れていたため、詩人のコールリッジは「ウィットはフラーの知性の材料であり、実体であった」と言っています。「完璧な歩く図書館」と言われる博識ぶりでも知られていました。

［復讐］

忘却に勝る復讐はない。

バルタサル・グラシアン（『賢者の知恵』）

世の中にはいろいろな復讐の形があります。その中でも、相手のことをすっかり忘れてしまう復讐は、かなりインパクトがあるのではないでしょうか。たとえば自分をふった相手のことを忘れてしまい、さっさと次の人に心を振り向けてしまい、自分をふった人のことは「えっ、そんな人、いたっけ」と言えるのが、最高の復讐です。では、忘れるためにはどうしたらいいのかですが、記憶を遠くしてしまうのがいちばんです。ふられたあと次々と告白していけば、もう誰に断られたのかわからなくなります。私の場合、ひたすら映画を見続けます。金曜日に嫌なことがあったとすると、土日で映画を見続けます。九本、一〇本も見ると、もう金曜日に何があったのか思い出せなくなっています。一日でやること の三倍から五倍のことを一気にやってしまう。すると嫌なことは忘却のかなたに過ぎ去っていきます。時間を早回しする感覚です。

（豆知識）バルタサル・グラシアン・イ・モラレス（1601〜58）はスペインの哲学者、イエズス会の司祭です。イエズス会の学校で道徳と哲学を教えていました。『ドン・キホーテ』を書いたセルバンテスとほぼ同じころ活躍した人です。宗教人らしからぬ、人間不信と悲観主義に満ちた思想が特徴です。

［嫉妬］

ご用心なさい、将軍、嫉妬というやつに。
こいつは緑色の目をした化け物で、
餌食にする肉をもてあそぶのです。

シェイクスピア（『オセロー』）

これはシェイクスピアの四大悲劇の一つ『オセロー』の中で使われたせりふです。主人公の将軍オセローに対して、家来のイヤーゴが言った言葉です。そう言いながらイヤーゴは、オセローの新婚の妻デズデモーナは不義をはたらいていると彼に嘘を吹き込み、嫉妬の炎を焚きつけます。その嘘は、オセローの中で妄想となり、疑念は膨らむばかり。最後には無実のデズデモーナの首を絞めて死なせてしまうという悲劇の物語です。

「嫉妬の炎につつまれた者は、最後には、さそりと同様に、自分自身に毒針を向けるのだ」と『ツァラトゥストラ』の中でニーチェも言っています。"green-eyed monster"とはよく言ったもので、嫉妬は怪物なのです。どうして緑色の目かというと、古代ギリシャのヒポクラテス医学によるものらしく、嫉妬をすると黄胆汁過多となるが、その黄胆汁の色が緑がかっているから、ということです。

豆知識 ウィリアム・シェイクスピア（1564〜1616）はイングランドの劇作家で詩人です。シェイクスピアの四大悲劇とはこの言葉が語られる『オセロー』と『ハムレット』『マクベス』『リア王』を言います。彼はほかにも『ロミオとジュリエット』『ジュリアス・シーザー』などたくさんの悲劇を書いています。

［妬み］

ねたみとは魂の腐敗である。

ソクラテス

ソクラテスは〝人には魂があり、魂は死なない〟と考えていました。ですから、その魂の世話を、自分でちゃんとしないといけないと考えたわけです。妬みは「魂の腐敗」を招くのでやめた方がいいと言っています。たとえば街で高級車を見かけると、イラっとする人もいるでしょう。でも、そうやって人を妬むと魂の腐敗が始まるのです。

こんな話もあります。樽の中に住んでいるディオゲネスという哲学者の前に、ある時、大帝国を建設したギリシャのアレクサンドロス大王があらわれます。「欲しいものは何でもやろう」と言う大王に対して、ディオゲネスは「そこに立たれると日陰になるから、どいてください」と答えました。大王は「私がアレクサンドロスでないならば、ディオゲネスになりたい」と言ったそうです。富や名誉に全く妬みを感じない哲学者の清々しい姿に、うらやましさを感じたという話です。

豆知識 ソクラテス（紀元前470ごろ～紀元前399）はアテナイに生まれた、古代ギリシャの哲学者。ディオゲネスも同じく古代ギリシャの哲学者。アレクサンドロス大王の逸話は、帝政ローマのギリシャ人著述家プルタルコスの『英雄伝』に見られるもので、ディオゲネスはその思想よりも奇行や言動が有名です。

［結婚］

結婚は鰻の梁（やな）と同じ、
外にいる者は入ろうとし、
中にいる者は出ようとする。

ノルウェイのことわざ

鰻の梁は、いかにも鰻が入りたくなるようにつくってあります。そして一度中に入ると、外に出られません。結婚もそれと同じで、結婚していない人はしたくなって、結婚した人はもう一度外の自由な生活に戻りたくなるのだと、ノルウェイのことわざにはあります。

でも今は、少し時代が変わってきたのではないでしょうか。みんなそれぞれやりたいことがあって、結婚が人生で昔ほど重大事ではなくなっています。むしろ、外にいる者が中にはやたらと入ろうとはしなくなった時代なのではないかと思います。現代の結婚にはあまりあてはまらないかもしれませんが、結婚を定義する比喩としては面白いと思います。

豆知識 ほかの国同様、ノルウェイにも様々なことわざがあります。代表的なものは「悪い天気は存在しない。あるのは悪い服だけ」「世界は広く、道は多い」など。ノルウェイ大使館によると「わが家にまさるところなし」ということわざもあるそうです。

［結婚］

判断力の欠如で結婚し、
忍耐力の欠如で離婚し、
記憶力の欠如で再婚する。

アルマン・サラクルー

結婚経験者はみんな笑う有名な格言です。

結婚、離婚で終わらず、「記憶力の欠如で再婚する」という三つ目のオチがあるのが面白いです。結婚、離婚、再婚に対して「〜力」をそれぞれはめ込んだパッケージがすばらしいと思います。結婚をブラックに捉えるのも面白いですが、そうではない、仲のいいご夫婦もいるわけです。

昔、学生の頃に本郷の立ち食いそば屋さんで耳にした話を思い出します。おそばをつくっている女性が、もう一人の女性と話しています。「亭主元気で留守がいい」というCMがあるけど、私はね、あれが嫌いなのよ」と言うのです。「お父さんに対して、そんなことを言うなんて考えられない」とまっすぐな口調で話していたのをよく覚えています。結婚観は人それぞれなのだな、と思ったものです。

（豆知識）アルマン・サラクルー（1899〜1989）はフランスの劇作家。戦前のフランス前衛劇を代表する劇作家で、戦後は社会性の強い作品を発表しています。「亭主元気で留守がいい」は、夫たちが必死になって働いていたバブル前、1986年に流れたキンチョウのテレビCMです。このコピーは一世を風靡し、流行語にもなりました。

［夫婦］

夫婦は親しきを以て原則とし
親しからざるを以て常態とす。

夏目漱石『書簡』

夫婦というのは一緒に暮らすのですから、当然親しいわけですが、それは原則としてあっても、実際の日常生活ではあまり親しくないことがよくあります。漱石の家庭も「親しからざるをもって常態とす」が日常だったのかもしれません。そんな夫婦の機微をいちいち手紙に書いて残しているところが、いかにも神経が細かい漱石らしいところです。漱石はかんしゃく持ちで知られているので、奥さんの鏡子さんも大変だったと思います。

鏡子さんの『漱石の思い出』という本を読むと、苦労のほどがわかります。「自分は勉強が大変だから、おまえにはかまっていられない」と平然と言い放ったり、鏡子さんが借金して家計をやりくりしても、我関せずだったり。鏡子さんが耐えてくれたから、漱石も「親しからざるをもって常態とす」などと言っていられたのですが、現代だったら、とっくに離婚されていたかもしれませんね。

豆知識 夏目漱石（1867〜1916）は明治から大正初期に活躍した小説家。千円札の肖像にもなっています。『吾輩は猫である』『坊っちゃん』『こころ』『それから』『三四郎』など著名な作品がたくさんあります。また筆まめで、友人の正岡子規をはじめ、高浜虚子、寺田寅彦、芥川龍之介などに送った手紙が残されています。

善と悪

［悪］

自己認識を持っているのは、悪だけである。

カフカ（『八つ折判のノート』）

ドイツの詩人ゲーテが書いた『ファウスト』にはメフィストフェレスという悪魔が登場します。この悪魔は、ファウストと交わした約束を決して忘れません。悪魔はけっこう頭がいいのです。悪魔という存在が何かというと、自分の外にいるのではなく、自分自身の中にいます。そして欲望を満たしても満たしても、次から次へと新たな欲をわきあがらせてくるのです。作家カフカはそれを「自己認識」と言っています。自分で自分を意識する意味だととらえると、悪魔は明らかに自己認識を持ち、人に悪巧みをささやきます。

「自己認識」の意味をとらえるのが難しければ、こう考えましょう。赤ちゃんには自己認識がありません。したがって赤ちゃんが悪巧みをしたり、悪をなすのは難しいことがわかります。悪事はそれなりの自己認識を持った人間がやることです。無邪気と正反対と考えればいいでしょう。

(豆知識) フランツ・カフカ（1883〜1924）はチェコ出身の作家で、ドイツ語で作品を書いています。プラハ大学で法律を学んだあと、団体職員として実直な生活を送ります。40歳で肺結核で病死。主人公が虫に変身する『変身』など、不条理をテーマにした実存主義的な作風が特徴です。

［悪］

悪とは他人の奇妙な魅力を説明するために、善良な人々が発明した神話である。

オスカー・ワイルド（『青年のための成句と哲学』）

なぜそんな理不尽なことが行えるのか理解しがたく、予測がつかないけれど、妙に心惹かれ抗えない魅力がある時、善良な人たちはそれを悪と説明して納得するのだと、ワイルドは言っています。なぜなら、善良な人々は悪がなんだかわからないからです。自分では悪をなすことはできません。

しかし、映画や小説を見てみると、主人公を含めた登場人物の中で一番光り輝いているのは、悪をもった人です。たとえば『羊たちの沈黙』という映画がありましたが、アンソニー・ホプキンスが演じたレクター博士は、患者たちを惨殺した殺人鬼で、今は獄中にある天才精神科医です。まちがいなく悪い人間ですが、"他人の奇妙な魅力"に溢れています。一度観たら忘れられません。その魅力を悪だと説明することで、善良な人々はある意味納得するのです。それを「神話である」とするのは、ワイルドらしい面白い定義です。

（豆知識）オスカー・ワイルド（1854〜1900）はアイルランド出身のイギリスの詩人、作家、劇作家です。オクスフォード大学を首席で卒業した年に、詩集『ラヴェンナ』でデビュー。戯曲『サロメ』、長篇小説『ドリアン・グレイの肖像』など耽美主義ともいわれる横溢な文筆活動を行います。しかし放浪の末、46歳でパリで亡くなっています。

悪とは超人的なものではなく人間である。

アガサ・クリスティ

暗がりで遭遇して一番怖いのは、動物や何かほかの得体のしれない物体ではなく、人間だそうです。人間は底知れないものを持っているのでしょう。アガサ・クリスティは、数々のミステリ作品の中で悪や犯罪を描いています。作中に描かれた悪は、どれも〝超人的〟であり、超常現象のような力が大元〟という悪ではありません。人間の思考が絡まった結果、こうなってしまったのだという結論になっています。

悪とは何かしら人知を超えたすごいものではなく、結局は人間がやっていることなのですね。クリスティが書いた『オリエント急行殺人事件』は、そこにいる人みんなが関係者だったという奇抜な話ですし、『そして誰もいなくなった』は、結局最後は誰もいなくなったという話です。その中で人間の心理が克明に描かれるから面白いと思います。悪を行うのは人間であることが解き明かされます。

豆知識 アガサ・メアリ・クラリッサ・クリスティ（1890〜1976）は、イギリスの作家です。ミステリー小説で有名で、『オリエント急行殺人事件』『そして誰もいなくなった』『アクロイド殺し』を筆頭に、発表された小説の多くは世界的なベストセラーとなりました。個人でもっとも多く翻訳されている作家だといわれています。

［悪人］

たいていの人間は、悪人である。

ビアス（ディオゲネス・ラエルティウス『ビアス』）

悪事の定義にもよりますが、人間なら、何かしら悪事をなしたことがあるのではないでしょうか。ロシアの作家ドストエフスキーの『カラマーゾフの兄弟』に登場するゾシマ長老は、誰からも聖者としてあがめられているロシア正教会の偉い人です。その人が自分のことを「罪深い人間である私」と語っています。キリスト教の聖者でも罪深いのですから、まして凡人の私たちなら、推して知るべしです。

かくいう私も三〇年くらい前に友人にひどいことを言ってしまったことがあります。相手はそれほど気にしなかったかもしれませんが、なぜあんなに悪意に満ちたことを言ってしまったのだろうと、消しゴムで消してしまいたいくらい、今だに後悔しています。そういう「悪の前科」のようなものが、ほとんどの人にはあるのではないでしょうか。悪についてのこの定義は、すべての人にあてはまる、普遍的なものです。

（豆知識）ビアス（生没不詳）は古代ギリシャの七賢人の一人。ブリエネという地方を支配していた人だそうです。七賢人は紀元前620年から紀元前550年ごろに活躍したといわれています。ギリシャの哲学史をまとめたディオゲネス・ラエルティウス（生没不詳）の『ビアス』という著作に、ビアスが言った言葉がまとめて紹介されています。

［悪人］

（平生は）少なくともみんな普通の人間なんです。急に悪人に変るんだから恐ろしいのです。

夏目漱石（『こころ』）

夏目漱石の『こころ』に出てくる言葉です。

「鋳型に入れたような悪人は世の中にあるはずがありません。平生はみんな善人です」

悪人がもともといるのではなく、悪人に変わるのだと言っています。凶悪な事件のニュースを見ると、近所の人が「普段はおとなしい、いい人で、全然そんなふうには見えなかった」とコメントするのをよく耳にします。だから油断できないのです。自分も何かのスイッチが入ったら悪の方に転じてしまうかもしれません。こういうことは文学ではよく描かれます。

トルストイの長編小説『アンナ・カレーニナ』にしても、もともとアンナはごく普通の妻でした。それが青年将校ヴロンスキーと出会うことで、最後は世間から後ろ指をさされることをしてしまう。悪人と善人がいるわけではなく、何かのきっかけで悪に転じる。もしかしたら、逆に悪人が善人になる場合も、あるのかもしれませんね。

（豆知識）夏目漱石（1867〜1916）は明治の文豪です。『こころ』は『彼岸過迄』『行人』に続く、後期三部作の最後の作品。『こころ』は主人公が「先生」とよぶ男性との交流や、男性の心の葛藤を描いた小説です。この作品は、岩波書店が出版社として発刊した最初の小説だそうです。

［善］

無条件に善とみなすことが
できるものはただ一つ、
善なる意志以外に
考えることはできないのです。

カント（『道徳形而上学の基礎づけ』）

善とは何かといった時に、今の時代ではA
が善であっても、別の時代ならBが善かもし
れません。国や民族が違っても、善とするも
のは違うかもしれない。ということは絶対的
な善というものは存在しません。「善をめざ
す意志が善なのだ」と哲学者のカントは言っ
たわけです。この考え方と似ている短編が宮
沢賢治にあります。『学者アラムハラドの見
た着物』という作品です。

学者アラムハラドが子どもたちに問います。
「人間がしないではいられないことは何か」
と。ある子どもが「よいことをしないではい
られません」と答えます。それはアラムハラ
ドが望む正解でした。しかし別の子どもが
「人は本当によいことは何かを考えないでは
いられません」と答えます。善をなす以上に
善を求め続けること。アラムハラドははっと
胸を打たれます。カントの考え方と通じると
ころがありますね。

豆知識 イマヌエル・カント（1724〜1804）はドイツの哲学者、近代哲学の祖と位置づけられています。『純粋理性批判』『実践理性批判』『判断力批判』は三大批判書と言われています。正しい認識とは何か、道徳の本質は何か、正しく判断するにはどうするのかを考察しながら、人間とは何かを深く追求しています。

上善は水のごとし。
水は善く万物を利してしかも争わず。

老子（『老子』）

素晴らしい善とは水のようなものだと老子は言います。水はいろいろなものの役に立ち、しかも争うことがありません。器によって柔軟に形を変え、みなが高みをめざしても、水は高いところから低いところに流れます。要するに無理やりではなく、自然におさまっている状態です。たとえば雑然とした場に、人格者が一人混じると、場が自然におさまることがあります。私の昔の同僚にも長老のような人がいて、「あの人が来るとなぜか話がおさまるんだよね」ということがありました。

柔軟さや柔らかさが老子が唱える重要な原理です。水のように生きるのが最善ですので、私も就職する学生に「郷に入れば郷に従え」とアドバイスしています。相手には相手のルールがあるので、そこにうまく溶け込んで、まずは場に慣れていく。そして慣れたところで、自分のやりたいことをやるのが賢い生き方です。まずは水になれ、ということです。

（豆知識）老子（紀元前6世紀ごろ？）は中国の春秋時代の哲学者といわれます。しかし実在したのか疑問が残ります。「道」と「徳」という二編からなる『老子』という書物が残されています。人為的ではなく、無為自然に生きる道を説いています。

［善行］

善行は、お返しができると思われる限りは、
快く受け取られる。
その限度を越えると、
感謝の代わりに憎悪が返ってくる。

モンテーニュ

モンテーニュは、いくら相手のためを思って善行をしていると言っても、その限度を越えてしまうと、相手はお返しができない。それは相手の負担となり、憎悪となって返ってくると言っています。

フランスの文化人類学者マルセル・モースが『贈与論』という本の中で書いていますが、アメリカ北西部の先住民族には「ポトラッチ」という儀式があるそうです。ある部族が別の部族に贈り物をすると、それよりももっと大きな贈り物を返してくる。それでまたもっと大きな贈り物をするという贈り物合戦が止まらない話です。

相手より大きい贈り物をするのは、実はプライドを守ることなのです。つまり贈られる相手にはプライドがあるのを、忘れてはいけないということでしょう。〝善行を施している〟といい気分でやっている時には、ちょっと気を付けた方がいいのかもしれません。

豆知識　ミシェル・ド・モンテーニュ（1533〜92）は16世紀のフランスを代表する哲学者。ボルドーに近いモンテーニュ城で生まれています。代表作『エセー』（随想録）は、〝随筆〟という形式を初めて生み出した本で、ある一つの話題についての考えをまとめた、短い文章の数々で構成されています。

恐怖とは不完全な知識である。

アガサ・クリスティ

「幽霊の正体見たり枯れ尾花」ということわざがあります。幽霊だと思っていたものをよく見てみると、風に揺れる枯れすすきだったという話です。怖いと思っても、その正体を確かめて納得すれば、少しも怖くありません。

新型コロナが流行り始めた当初は、その正体がわからなくて、すごく恐ろしいと思いました。しかしワクチンが作られ、状況が変わったように感じられます。治療薬も発売されました。様々な開発され、治療法がいく通りも医学の知恵や経験が人々の恐怖を吹き払ったのです。

クリスティ的に言えば、知識がない状態が恐怖を生み出すのであって、クリスティの作品に登場する名探偵エルキュール・ポワロのような 〝灰色の脳細胞〟（自分の優れた脳細胞についてポワロ自身が決まり文句として言う言葉）が謎を解き明かしてくれた時、恐怖は消えるということです。

豆知識 アガサ・メアリ・クラリッサ・クリスティ（1890〜1976）は、イギリスの作家です。クリスティの小説にはエルキュール・ポワロという名探偵が登場します。ポワロはクリスティがミステリー小説の世界に誕生させた、最も有名な探偵のうちの一人です。

［過ち］

子日わく、過ちて改めざる、是を過ちと請う。

孔子（『論語』）

過ちとは間違いをおかすことですが、孔子によると、それを改めないことこそが過ちなのだ、ということです。人は誰でも過ちをおかすものです。ですからそれをとやかく言うのではありません。問題は過ちをおかしたのに、それを認めなかったり、反省したりしないことです。私は大学の教職課程で教えています。毎年多くの学生を教育実習に送り出すのですが、実習先の学校で問題を起こし、先生を怒らせてしまうケースがたまにあります。事情を聞いてみると、たいていは学生が同じミスをくり返して、なかなか改めないようです。ですから、私は学生に、実習に行ってもらいます。「テン・シュ・カク」を合い言葉に。「テン」は「テンション高く気持ちを張って」、「シュ」は「修正するところは修正する」、「カク」は「そして確認する」です。この三つをおさえておけば、たいていの仕事は失敗しても大ごとにはならないでしょう。

豆知識 孔子（紀元前552または551〜紀元前479）は中国の思想家、哲学者。釈迦、キリスト、ソクラテスと並ぶ四聖人に数えられることもあります。魯の国に生まれ、仁徳にもとづく政治を説きました。孔子の死後、弟子たちがまとめたのが『論語』です。

［罪］

人間にとって最大の罪は、不機嫌であること。

ゲーテ

「不機嫌はよくない」ことについては、ゲーテ以外にも様々な人が指摘しています。フランスの哲学者アランも『幸福論』の中で、不機嫌は伝染するから、常に上機嫌でいるようにとに記しています。新渡戸稲造も『武士道』の中で、「礼の教訓は、我が悲哀苦痛を露はするにあらず。他人の快楽安静を害ふこと勿からしむるにあり」と書いています。

私はサモアという島国に遊びに行った時に、街を歩いている小学生をはじめ、みんなが機嫌よく挨拶してくれるので、びっくりしたことがあります。サモアでは、人前で不機嫌になるのはマナーができていないということで、厳しく注意されるそうです。子どもの頃から「人前では上機嫌でいなさい」と教育されるわけです。ですから警官も感じよく話しかけてくれたりして、いっしょにビールを飲んだということもありました。上機嫌というのも教育なのだと思ったものでした。

豆知識 ヨハン・ヴォルフガング・フォン・ゲーテ（1749〜1832）はフランクフルトの裕福な家庭に生まれました。『若きウェルテルの悩み』や『ファウスト』など数多くの著書で知られる、ドイツを代表する文豪です。晩年ゲーテの秘書をしていたエッカーマンによる『ゲーテとの対話』では、楽しげにジョークを言う姿が描かれています。

幸福と不幸

[幸福]

幸福は幸福の中にあるのではなく、
それを手に入れる過程の中だけにある。

ドストエフスキー（『作家の日記』）

幸福はプロセスそのものであって、獲得してしまうとつまらなくなります。たとえば富士山のご来光を見たいとします。ご来光を見ることが幸福の頂点だとして、ヘリコプターで一気に富士山の頂上に上がり、ご来光をちょっと見て戻ってきたとしたら、幸福でしょうか。ヘリコプターで飛ぶと、富士山の頂上まで険しい山道を登るプロセスが欠けています。するとご来光のありがたみが薄れてしまうでしょう。ご来光を見ても思ったほど幸せではない。ということは、幸せは頂上をめざして必死に登っていたその過程にあったといえるでしょう。

N・S・Pというミュージシャンのグループの歌に『冬の花火はおもいで花火』があります。歌詞に「つらいつらいと云ってたころが幸せだと今わかる」というものがあります。同じような意味ですね。幸せは案外そのプロセスにあるということではないでしょうか。

豆知識 フョードル・ドストエフスキー（1821〜81）はロシアの小説家です。『カラマーゾフの兄弟』や『罪と罰』など重厚な作品を次々と発表しています。『作家の日記』は定期刊行物に連載していた文章で、「今度書く長篇小説について」「空想と幻想」などドストエフスキー自身の考え方を記したものとなっています。

236

［幸福］

幸福は香水のごときものである。
人に振りかけると、自分にも必ずかかる。

ラルフ・ワルド・エマーソン

香水を人に振りかけると、手についたり、かかったりして、自分までいい匂いがします。エマーソンは幸福も同じだと言っています。

何らかの行為で人をちょっと幸福にした時、自分も少し幸福になるのです。自分のしたことで人の喜ぶ顔を見た時、自分もうれしくなります。不幸は一種独特の嫌な臭いがあり、それも広がってしまいます。逆に幸福はいい匂いがするので、それが広がるのです。

この人と一緒にいたいと思う相手は、幸福感のある人です。幸福感が周りの人を惹きつけ、幸せにする。明るさとか、楽しさとか、優しさとか、そういったエッセンスだと思います。自分からまず、いい匂いを振りかけてみようよ、ということです。「お福分け」という言葉があります。何かもらいものをした時、自分の分を少し取って後は他の人にあげる。幸福をお裾分けすることで、いっそう自分も幸せになれるという意味の言葉です。

（豆知識）ラルフ・ワルド・エマーソン（1803〜82）はマサチューセッツ州ボストン生まれの思想家で哲学者、詩人です。人間の内に在る善と、自然への信頼を核とした「超絶主義」を唱え、自分の思想をひと言で言うなら「個人の無限性である」と語っています。『ウォールデン　森の生活』の著者、ソローの師であり友でもありました。

「幸福とは、健康と物忘れの早さである」
ですって！
わたしが思いつきたかったくらいだわ。
だって、それは真実だもの。

オードリー・ヘプバーン

オードリー・ヘプバーンは、映画史に残るたくさんの名作映画に出ています。しかしある時から、家族と過ごす時間を大事にしたいと、女優業から離れていきます。自分が女優であることを忘れ、普通に生活するライフスタイルに変えていったということです。これは物忘れというか、切り離しがうまいということでしょう。私自身は、昨日のことなのに「この間」と言ってしまう癖があります。「この間」と言ってしまうでしょ。昨日でしょう」と言われてしまいますが、自分の頭の中では、あまりに遠いことのような気がするのです。

一日でいろんなことをやらなければいけなくて、一つの課題をブロックだとすると、何ブロックもこなすうちに、昨日があまりに遠くなるのです。これもまた一種の物忘れ。自分にとってそれほど重要でないことは忘れる、消去作業みたいなものだと思います。

豆知識 オードリー・ヘプバーン（1929〜93）はハリウッドの黄金時代に活躍したイギリス人女優です。第二次世界大戦ではレジスタンスのために秘密裏にバレエ公演を行い資金稼ぎに協力しました。晩年はユニセフ親善大使となり、世界各地を訪問して、食糧支援や予防接種の普及、水道設備設置などに協力しています。

［幸せ］

人間三百六十五日、
何の心配も無い日が、
一日、いや半日あったら、
それは仕合せな人間です。

太宰治（『ヴィヨンの妻』）

「幸福とは心配のない日」という定義です。この小説の登場人物は〝心配のない日が半日あればいい〟と言っているのですから、心配まみれの日々だったのでしょう。幸せのハードルをこのくらい下げておけば、幸せ感を得やすくなりそうです。心配で憂鬱な気分になる時は、二つか三つ、面倒くさいことが重なっていたりするものです。それがにおいの元で、引き延ばした仕事が、生ゴミのにおいを発するのです。この場合、その一個一個に四角いチェックボックスを作って、これは今日片付けるとか、これは何日までに片付けるとか、チェックを入れていくと、においが薄れ、気が楽になります。それから「心配しても自分ではどうしようもないこと、心配しても変わらないことについては心配しない」とルールを決めるといいでしょう。〝心配しない〟という心の訓練をすると、心配事が減っていきます。試しにやってみる価値はありそうです。

⬭豆知識 太宰治（1909〜48）は青森県出身の小説家です。小説『ヴィヨンの妻』の題名は、15世紀フランスの詩人フランソワ・ヴィヨンに由来します。ヴィヨンは殺人や強盗傷害事件を犯しながら中世最大の詩人と言われた人物です。小説の最後で「妻」は「人非人でもいいじゃないの。私たちは、生きていさえすればいいのよ」と言います。

どうして俺は、
今までこの高い空を見なかったのか？
今やっとこれに気がついたのは、
じつになんという幸せなことだろう。

トルストイ（『戦争と平和』）

"幸福とは空である" と言っています。トルストイの長編小説『戦争と平和』の中の一場面です。主人公の親友、アンドレイ公爵はオーストリア戦線で負傷し、地面に倒れました。その時に空を見上げて思ったのです。「この無限の空以外のものは全部偽りだ」と。そして、この高い空の価値に気づいたことを幸福だと言っています。空を見て幸せになれるとしたら、誰もがみな、すぐに幸せになれるでしょう。

石川啄木は「不来方のお城の草に寝ころびて空に吸はれし十五の心」と詠みました。空に心が吸われていくという感覚が素晴らしし、お城の草に寝ころぶというのもいいですね。私たちも時には芝生にでも寝転がって、空を見上げてみるといいのではないかと思います。すると何歳の心であろうと、心が空に吸い込まれる幸せを実感できるでしょう。

豆知識 レフ・ニコラエヴィッチ・トルストイ（1828〜1910）は帝政ロシアの小説家、思想家です。『戦争と平和』は全6巻からなる叙事詩的大長篇小説です。ナポレオン軍のロシア侵攻を中心に、19世紀初頭のロシア社会が描かれています。この言葉は、ロシア軍がナポレオン軍に敗れたアウステルリッツの戦いのシーンに登場します（1巻第3部）。

［幸せ］

一番幸せなのは、
幸福なんて特別必要でないと悟ることだ。

サローヤン

幸せの基準は人それぞれです。それらが手に入った時、幸せになったと思うはずです。

しかし実際そうなると、もっとほしいものが出てきて、これではまだ幸せではないと思うのが普通ではないでしょうか。一番幸せなのは、今は持っていない何か特別な幸福を手に入れることではなく、このままで充分だと悟ることだと、作家のウィリアム・サローヤンは言うのです。確かに年齢がいくと、自分が生きてきた時間が長過ぎて、幸福とか不幸とか考えること自体、意味がない境地になるものです。何が大事かというと、「生きている実感がある」とか、「今生きていられることがありがたい」とか、「ものすごい不自由があるわけではない」とか、もっと言うと「今死にたいと思うほどのことはない」ぐらいでもOKになります。　幸福の条件がなくなり、幸せになりたいと熱望しなくなるのは、幸福になる一つのポイントなのかもしれませんね。

（豆知識）ウィリアム・サローヤン（1908〜81）はトルコ東部からアメリカ、カリフォルニア州に移住したアルメニア人の家庭出身の、小説家で劇作家です。26歳で書いた『空中ブランコに乗った若者』で知られるようになり、アメリカ庶民の哀歌を明るくほろ苦く描き続けました。代表作は『わが名はアラム』など。

［不幸］

すべての幸福な家庭はお互いに似ているが、
不幸な家庭はそれぞれの流儀で不幸である。

トルストイ（『アンナ・カレーニナ』）

これはロシアのトルストイの作品『アンナ・カレーニナ』の冒頭の有名な言葉です。

私たちが幸福な家庭を思い描く時、「こんな家庭」とだいたいイメージできます。たとえばクリスマスにはケーキを買って、家族みんなでそろってすごすとか、夏休みには海に行って家族で泳ぐなど楽しいシーンが思い浮かびます。でも不幸には千差万別あって、こんな不幸、あんな不幸と数え上げていくときりがありません。言い方を変えると、幸福は一様で平凡なもの。対する不幸には個性があります。ドラマなら、何も起こらないよりは、不幸を乗り越えていくストーリーの方が人気があります。

ただ現実の不幸となると、若くてエネルギーがあるうちは立ち向かえますが、老いてくると、それだけのパワーはありません。なにごともほどほどにということでしょうか。

豆知識 レフ・ニコラエヴィッチ・トルストイ（1828～1910）はロシアの小説家です。『アンナ・カレーニナ』は代表作の一つ。政府高官の妻アンナ・カレーニナは若い将校と恋に落ち、夫と子どもを捨てて駆け落ちします。しかしアンナの夫は離婚に応じず、駆け落ちした将校との間もギクシャクして、絶望したアンナは鉄道自殺してしまいます。

［希望］

希望は、
底のふかい海のうえでなければ
けっしてその翼をひろげない。

ラルフ・ワルド・エマーソン

希望を持つことは大事ですが、「なんとなくこうなってほしい」という願望レベルだとすぐくじけてしまいます。希望はたとえていうと、ものすごく深い深海があって、そういう海の海原でこそ広がるのだと、思想家のエマーソンは言います。深海とは現実の厳しさや危険と考えていいでしょう。何も知らずにノーテンキに希望を持ってもあまり意味がありません。大きな壁や挫折、現実の厳しさを知った上で、なおかつ希望を持ち続けるから、希望がエネルギーになるのです。

アウシュビッツの収容所を生き延びたオーストリアの精神科医ヴィクトル・フランクルは、妻に会えるという希望を最後まで捨てませんでした。ほとんどの人が死んでしまうような過酷な状況の中でも希望を失わなかったことが、生きるエネルギーにつながったのです。

(豆知識) ラルフ・ワルド・エマーソン（1803〜82）はアメリカの思想家、哲学者、作家です。牧師の家に生まれ、自身も牧師となりますが、教会のあり方に疑問を感じ、職を辞します。アメリカの独自性を主張して、多くの著作を発表。彼がハーバード大学で行った講演は「アメリカの知的独立宣言」といわれています。

［希望］

希望は、(略)
地上の道のように、
初めから道があるのではないが、
歩く人が多くなると初めて道が出来る。

魯迅（『故郷』）

もともと道がないところでも、歩く人が増えてくると、自然に道ができます。希望はそうやってできる道のようなものだ、と魯迅は定義しています。確かにマイナーなスポーツを例にとると、希望の道のでき方がよくわかります。たとえば「女子マラソン」という競技は最初は存在していませんでした。でも昔から女性の中にもマラソンを走りたい人はいたはずです。少しずつ走る人が増え、スポーツとして認められるようになると、「マラソン選手になりたい」という人も生まれます。

オリンピックで正式に競技として認められたことで、女子マラソンの人口も爆発的に増えました。「優勝したい」「世界チャンピオンになりたい」など、そこに希望も生まれます。「マラソンをやりたい」という人がどんどん増えるから、明るい道ができるのです。人が増えると、希望が生まれるのは本当だと思います。

豆知識 魯迅（1881〜1936）は中国の思想家、小説家。幼いころ家が没落して苦労します。明治時代の日本に留学。医学を学んだあと、帰国後は革命運動に参加。左翼文学運動の中心的な人物となります。多くの小説、評論を発表。『狂人日記』『阿Q正伝』などが有名です。

理性と感情

理性的なものはすべて現実的であり、現実的であるものはすべて理性的である。

ヘーゲル（『法の哲学』）

現実と理性はイコールであるというのがドイツの哲学者ヘーゲルの定義です。この場合の「理性」とは合理的という意味にとっていいでしょう。理にかなっているという意味です。つまり現実であるものは理にかなっていると言っているわけです。たとえば今生き残っている生物は合理的であるから生き延びたのです。

ヘーゲルは、人間の精神はだんだん発展していくものだと考えていました。何かの命題に対して常に反対する命題が提示され、その矛盾を克服して統合できる新しい命題が生まれて、発展していくからです。それがヘーゲルの弁証法的発展なのですが、そういう点で人間の精神は理性的なものであり、それが現実をつくりだしている、というのが彼の考え方です。この論理はヘーゲルの『精神現象学』にも記されています。

豆知識 ゲオルク・ヴィルヘルム・フリードリヒ・ヘーゲル（1770〜1831）はドイツの哲学者。18世紀後半から19世紀初めにかけてのドイツ観念論を代表する学者です。フランス革命やナポレオンの登場、神聖ローマ帝国の解体とドイツの再編など、激動する時代を生きました。弁証法的な考え方を提示して後世に大きな影響を与えた人です。

［うぬぼれ］

うぬぼれの心は
人間の内部に深く根ざしていて、
自分を賞賛してくれる人々を得ようとするのだ。

パスカル（『パンセ』）

たいていの人は賞賛を求めています。「これを読むであろう人々も……」とパスカルは言うのです。だから賞賛を求めるのは、少しも恥ずかしいことではありません。自己承認欲求は誰にでもあるのです。赤ん坊ですら、何かをやってほめてもらえると、うれしそうな顔をします。X（ツイッター）やブログで「いいね！」を欲しがるのも無理はないでしょう。最近は「いいね！」を買って、まとめてプレゼントする方法もあるそうです。それくらい人の承認欲求は強いということでしょう。

パスカルはフランスの哲学者であり、物理学者であり、数学者であり、多才で知られています。「人間は考える葦である」という言葉や「パスカルの定理」や「パスカルの三角形」も有名ですね。これほどの天才であれば、どれほどの賞賛なら見合うのかはかりしれませんが、パスカルは静かに暮らしました。

豆知識 ブレーズ・パスカル（1623〜62）はフランスの哲学者、物理学者、数学者。各方面に多彩な才能を示しました。パスカルの定理、パスカルの三角形など有名な原理、定理を発見。圧力をあらわす単位「パスカル」の由来にもなっています。数多くの覚書を残しており、それらは『パンセ』としてまとめられています。

［うぬぼれ］

己惚れとは、一つのたのしい幻想、
生きるための幻想なのですから、
実質なんぞ何も要りません。

三島由紀夫（『不道徳教育講座』）

うぬぼれとは、自分自身を「こんなに素晴らしいものである」と勝手に思い込むことだと三島由紀夫は述べています。確かに妙に〝俺様気質〟で、まだ何もやっていないのに、「俺はミュージシャンになれるはず」などとうそぶく人がいます。本人が意識して大きく見せようとしている場合もありますし、心底思い込んでいることもあります。

どちらにしても幻想にすぎないので、実質がともなっていません。三島はこうも言っています。「己惚れ屋にとっては、他人はみんな、自分の己惚れのための餌なのであります」。人を見つけると必ず定番の自慢話をして回る〝エピソードおじさん、おばさん〟がこれに該当します。たとえ餌にされたとしても、その場が成り立っているのなら、私は別にかまわないと思います。いくらうぬぼれていても、いつかは結果が出てしまうのですから、放っておけばいいのではないでしょうか。

(豆知識) 三島由紀夫（1925〜70）は日本を代表する作家の一人です。世界的にも名を知られ、ノーベル文学賞候補にも名前が上がりました。華麗で美しい文体や日本語が特徴です。政治的な発言も多く、最後は市ヶ谷の自衛隊駐屯地で、隊員たちにクーデターを呼びかけますが、失敗。45歳で割腹自殺を遂げます。

［心］

こころにいつわりなし。
はた又こころはうごくものにあらず。
うごくものは情なり。

樋口一葉（『塵中日記』）

　樋口一葉は、私たちの感情の動きの下に、動かない心があるのだと、心と情を分けて考えたのです。「明鏡止水」という言葉があります。中国の『荘子』という書物の中に出てくる言葉で〝澄み切って落ち着いた心〟という意味です。そのように心は磨かれて動かず、偽りないものですが、情の方は動いていってしまう。だから、いま浮かべている涙も笑みも心の底から出たものではなく、単に情に動かされた情のかたちなのだと言っています。

　ここで樋口一葉が言おうとしている心は、精神に近いと思います。福沢諭吉など、江戸時代から明治時代に生きた人たちは、情だけではなく、心の中に動かない確固たるもの、いわば「精神文化」を持っていたように思います。だから動じません。私たちはつい目の前の出来事に一喜一憂してしまいますが、自分の中に、動かない精神があると思えると、気が楽になります。

（豆知識）樋口一葉（1872〜96）は、東京府下級役人の長女に生まれました。兄と父が続けて亡くなったため17歳で戸主となり、苦しい生活の中で20歳の時に小説家になることを決断。『たけくらべ』『にごりえ』などで一躍流行作家となりますが、24歳の若さで亡くなりました。日記も文学として高く評価されています。

249

心は、二つの寝室がある家です。
一方の部屋には苦しみが、
一方には喜びが住んでいます。

ヤノーホ（『カフカとの対話』）

作者のヤノーホとフランツ・カフカとの会話という体裁で書かれた、本の中の言葉です。ちなみにカフカは『変身』などで知られる世界的な作家です。この言葉には続きがあります。「人は、あまり大声で笑ってはいけない。さもないと隣室の苦悩の目を醒ましてしまう」というのです。さらに「苦悩が声を大きくすると喜びは目をさますのですか」とカフカが尋ねると喜びは「いいえ、喜びは耳が遠くて、隣りの苦しみの声は聞こえないのです」とヤノーホは答えます。

面白い定義だと思います。片方には苦しみが、片方には喜びが住んでいるというのです。喜びのあまり大声で笑ったりすると、隣室の苦悩が目を覚ましてしまう。浮かれているとよくないことが起きるという話でしょう。逆に苦悩が大騒ぎしても、喜びは耳が遠くて知らん顔をしている。喜びがある時は、少し気を引き締めて用心した方がよさそうですね。

豆知識 グスタフ・ヤノーホ（1903〜68）はジャズの演奏、作曲、評論などで知られるチェコの作家です。17歳の時に、労働者災害保険局で父の同僚だったフランツ・カフカと出会い、親交を深めました。彼の存命中に書きつけていた自身の手記やメモをもとに、回想なども交えた『カフカとの対話』を出版しています。

［心］

良い心は人を強くする！

アンネ・フランク（『アンネの日記』）

　第二次世界大戦の時、ホロコーストの犠牲になったアンネ・フランクの日記の中の言葉です。アンネは日記帳にキティーという名前をつけ、「あなたになら、これまで誰にも打ち明けられなかったことを何もかもお話しできそうです。どうか私のために大きな心の支えと慰めになってくださいね」と書き、日記をつけ始めます。それが『アンネの日記』です。その中で彼女は「私は常に明るい方に心をもっていくようにしています」と書いています。そして前向きな気持ちをもつことで、辛い状況の中でも人は強くなれるのだと書きつづりました。

　私はあるテレビ番組で、再現したアンネの隠れ家に入ったことがあります。彼女たちが隠れていた部屋は、とても小さな空間でした。これほどまでに閉じ込められた苦しい中でも創造力を羽ばたかせたのですから、心は強いものだとしみじみ思ったものです。

（豆知識）アンネ・フランク（1929〜45）はユダヤ系ドイツ人の家庭に生まれました。ドイツからオランダに一家で亡命した後、オランダがドイツ軍に占領されたために隠れ家生活を始めます。2年後に発見され、一家はドイツ軍に連行されるのですが、後に隠れ家に残されていたのが『アンネの日記』の原文でした。

［絶望］

絶望は虚妄だ、希望がそうであるように。

ペテーフィ・シャーンドル

希望が虚妄、つまりフィクションであるのは何となくわかる気がしますね。希望は現実ではありません。同様に絶望も、もしかしたら現実ではないかもしれません。どんなに追い込まれても、絶望しない人もいるからです。絶望しない人になれば、心折れなくてすみます。そのためにどうするのかというと、私は常にBATNA（Best Alternative to a Negotiated Agreement）を用意しています。すなわち、交渉が決裂した時の次善の案を常に用意しておくのです。こうすれば、その相手とは決裂しても、絶望することはありません。

標題の定義をつくった詩人のペテーフィは青年期に家を出て、各地を放浪したり、栄養失調で倒れたりしています。多くの苦難を経験しながらも、オーストリアからの独立をめざして、国民を鼓舞する詩をつくり熱狂的な支持を受けました。絶望的な状況にあっても、希望を捨てなかった人です。

豆知識 ペテーフィ・シャーンドル（1823〜49）はハンガリーの詩人。家が没落し15歳で家を出て、旅役者の一座に加わったり、兵隊になったりします。素朴で叙情的な詩を書き人々の支持を受けますが、やがて革命をうたう詩人としてハンガリー革命の精神的支柱となります。自らも戦場に出向き、26歳の若さで亡くなっています。

［絶望］

絶望は死に至る病である。

キルケゴール（『死に至る病』）

キルケゴールのこの言葉は有名ですね。死というのは肉体的な死ではありません。肉体的に死ぬこともできず、かといって生の希望があるわけでもない。まさに死という最後の希望すら存在しないのが絶望であり、その様子は、病床で死と戦いながらも、なお死ぬことができない瀕死の病人に似ていると、キルケゴールは言います。私たちにひきつけて言いますと、ネガティブな考え方をして、「私なんかもうだめだ」と追い詰めていくとします。その考え方自体が死に至る病なのです。「だめだ、だめだ」と否定的な思いを育てすぎてしまうと、落ち込みの芽をどんどん育ててしまうので、あまり自分を傷つけるような考え方はすべきではありません。ちなみに、キルケゴールは絶望にいたる病から逃れるには神を信じること、つまり信仰が必要と言っています。キリスト教的価値観が土台にある西欧ではそうした解決策もあるのです。

［中庸］

君子は中庸す、小人は中庸に反す。

『礼記・中庸篇』

『論語』にも「中庸の徳たるや、其れ至れるかな」という言葉があります。中庸は徳の中でも最高だという意味です。またギリシャの哲学者アリストテレスも『ニコマコス倫理学』の中で、中庸すなわちちょうどいいところがいちばんいいと述べています。たとえば勇気がありすぎると野蛮になってしまうし、なさすぎると臆病になります。ちょうどいいところがあるので、そこをめざすことです。

塩加減でいいますと、塩は多すぎると塩辛くて食べられません。反対に少なすぎると、味がなくなってしまいます。ちょうどいい按配のところが中庸です。しかしそもそものあたりが中庸かは、やりすぎとやらなさすぎ、つまり両極端がわからないと導き出せません。ですから中庸がどこらへんかを知るためにも、ある程度のチャレンジをしてみるのはいいと思います。両端がわかっていれば、中庸がどのあたりかもわかります。

豆知識 中国の古典でとくに重要とされるのが『大学』『中庸』『孟子』『論語』の四書と『易経』『書経』『詩経』『春秋』『礼記』の五経で、「四書五経」と呼ばれています。このうち『大学』と『中庸』はもともとは『礼記』の一部だったものです。いずれも当時の儒学者たちがまとめたもので、人の道を学ぶための重要な古典です。

［決定］

最も重要な決定とは、
何をするかではなく、
何をしないかを決めることだ。

スティーブ・ジョブズ

失敗しないためには "こういうことは絶対にしない" と決めることは重要です。企業家にはたくさんのオファーがくると思いますが、「これはやらない」と決める決断は必要でしょう。東芝という大企業の経営が傾いてしまったのは、アメリカのある原発会社を買収したからだと言われます。誰か「それはリスクが大きすぎるから手を出さないように」と止める人がいたら、こういう事態は避けられたかもしれません。その意味で「何かをしない」と決めるのは大事なことです。

ドイツの文豪ゲーテも、美術や音楽が好きなのですが、自分は向いていないからと手を出しませんでした。語学についても英語に堪能だったのですが、ドイツ語で書くと決めていました。「それ（英語）は私の領分ではないからなのだ」と言っています。何をしないかを考えるのは、重要なことです。

豆知識 スティーブ・ジョブズ（スティーブン・ポール・ジョブズ、1955〜2011）はIT企業Appleの共同創業者です。パソコンの概念を市場に普及させ、iPod、iPhone、iPadなどを世に送り出した天才起業家として知られます。

道徳は常に恐怖の産物である。

オルダス・ハクスリー

道徳をつくらないと、人は何をするかわかりません。法律も大事ですが、その前にモラルが必要です。モラルがないとめちゃくちゃな社会になってしまいます。たとえば、人が平気でうそをつく世の中はこわいですよね。道にやたらと唾を吐くのも、汚いし、迷惑です。唾が自分にかかったら恐怖です。道徳がなければあらゆることが恐怖に満ちてしまいます。日本人はこの恐怖心が非常に発達していて、街が少し汚れていてもいやがります。それが年々エスカレートしているようです。

昭和の時代は、酔っぱらったおじさんが壁に向かって、平気で立ち小便をしていました。令和の時代は、その人たちを取り締まる道徳がちゃんとできたわけです。今はいろいろなハラスメントもあって、モラルが非常に要求される時代になっています。恐怖の種類も増えました。道徳はハラスメントの産物なのかもしれませんね。

豆知識 オルダス・ハクスリー（1894〜1963）はイギリスの作家です。ヨーロッパでも知られた科学者一族に生まれましたが、本人は作家の道に進みます。神秘主義に傾倒し、『すばらしい新世界』では人間が瓶で培養され、支配されるディストピアを、『島』では幻覚剤を効果的に用いるユートピアを描いています。

［不安］

不安とは自由の目まいである。

キルケゴール（『不安の概念』）

ドイツの哲学者キルケゴールは、不安とは自由の目まいであると定義しています。「自由がいまや自身の可能性をのぞき込んでその身をささえるために有限性につかまる時、目まいが起こるのである」と書いています。自分の可能性をのぞき込み、「あれもできる」「これもできる」と自由な選択肢を示された時、人は不安になってくらくらしてくる、という意味です。

似たようなことがドフトエフスキーの『カラマーゾフの兄弟』にも書かれています。大審問官という章があって、キリストの生まれ変わりと大審問官が対決します。大審問官はキリストに「あなたは人々を支配から自由にしたが、そのおかげで人々はもっと苦しむようになった」と言います。確かに権威に盲目的に従っていた方が、楽な一面もあります。自由でいたければ、くらくらするような不安とも付き合わなければいけないのです。

（豆知識）セーレン・キルケゴール（1813〜55）はデンマークの哲学者、思想家。『不安の概念』は不安と可能性について述べた本です。人間はそもそも相反する要素を持つ存在で、だからこそゆれ動いて不安になります。その不安定さを解消できるのは信仰のみによってである、と記しています。

［野蛮］

優れたものを認めないことこそ、即ち野蛮だ。

ゲーテ（『ゲーテ格言集』）

ゲーテは野蛮について〝優れたものを認めない姿勢〟と言っています。いいものの良さがわかるのが文化の豊かさなのです。たとえば少し前まで、優れた作品であっても女性の書いたものは女流文学という枠の中に押し込められがちでした。その枠の中では優れているよね、まあしょせん女流文学ですね、というようにちゃんと評価しない風潮がありました。ということは、当時の文壇は野蛮だったのです。

でも考えてみると、日本で一番優れている文学と言えば、圧倒的に『源氏物語』です。川端康成や谷崎潤一郎など錚々たる文豪たちがみんな「源氏はすごい」と感嘆しています。

『源氏物語』を中心に考えると、男性が書く小説は〝男流文学〟です。「近代になると、男も小説を書くようになったんだねぇ」ということになるのではないでしょうか。優れたものを認めるには偏見をもたないことが大事です。

(豆知識) ヨハン・ヴォルフガング・フォン・ゲーテ（1749〜1832）はドイツの詩人、劇作家、小説家であり、自然科学者。政治家、法律家の顔も持っています。少年時代は読書好きで、『ロビンソン・クルーソー』など物語や活字になったものは手当たり次第に読んだといわれます。科学にも興味を示し、客観的、多角的な視野を重んじました。

［勇気］

お金がなくなった時には
人生の半分が失われる。
勇気がなくなった時にすべてが失われる。

『ユダヤ格言集』

ユダヤ人の格言にはお金に関する言葉がたくさん出てきます。それくらい人生においてお金が重要なのですが、勇気です。確かになにごともチャレンジしなければ始まりません。大学の卒業生でも、伸びていく人を見ていると、勇気がある人が多いのがわかります。難しい仕事でも、「やれ」と言われた時、「無理です」と言わず、「とりあえずやってみます」と引き受ける勇気がある人は伸びていきます。

たとえその時のチャレンジは失敗しても、それが経験になって次に生かせます。「勇気→経験→自信」のサイクルが回り出すようになれば、一気に成長の波に乗っていけるでしょう。反対にチャレンジする勇気がないと、現状にとどまります。しかし世の中は進歩していくので、現状維持のままでいると、知らない間にどんどん退行しています。ユダヤの格言通りに、すべてが失われてしまうのです。

（豆知識）ユダヤの人たちは歴史的に長く迫害を受けてきました。そのため厳しい状況を生き抜く知恵を身につけ、みなで共有してきました。ユダヤ人が受け継いでいる格言には「明日のことは心配するな。今日どんな災難が降りかかるかわからないのだから」など普遍性があるものが数多くあります。

［勇敢］

勇敢であるということは、
見返りを求めず、
無条件に誰かを愛すること。

マドンナ

確かに見返りを求めずに誰かを愛するには、勇気が必要です。自分が相手を好きで、何かをやってあげても、相手は応えてくれない。すると逆恨みをしてしまうこともあるでしょう。それは間違っています。かといって、自分は傷つきたくないから何もしないのは、勇気がないということです。これは、ジョークを言う時も同じです。ジョークを言ってすべったら、やはり傷つくのです。それでも、誰かを喜ばせようとして冗談を言います。それは、見返りを求めずに誰かを愛することとちょっと似ています。

明治大学の教え子に、安住紳一郎アナウンサーがいるのですが、彼が以前「先生、自分はもう傷だらけです」と言っていました。いろんなジョークを連発してすべることも多く、傷だらけという話です。それでも、恐れずにやっていくことが大事なのです。

[涙]

（なみだとは）人間が自分でつくる、世界でいちばん小さい海のことだよ。

寺山修司（『人魚姫』）

寺山修司が書いた人形劇用の脚本の中の言葉です。泣いた時にあふれる涙は、海のように見えると言っています。涙を人間の悲しみが作り出した海と考えると美しいですし、悲しみが浄化される感じがしますね。海はいろんなものを溶かし込んでくれる大きなもの。泣くことによって辛いことも悲しいことも洗い流される──言ってみればデトックスの役目を果たしてくれるのでしょう。

そのようなことを、古代ギリシャの哲学者アリストテレスも『詩学』の中で〝悲劇の効用〟として言っています。悲劇で泣くことによってカタルシス（浄化・排出）が行われるのです。わかりやすく言うと、芝居や映画、本で悲劇を観たり読んだりした時、大きく心を揺さぶられ、共感して泣いてしまうこともあります。その涙と共に、無意識のうちに自分の中に抑え込んでいたマイナスの気持ちも吐き出されるということです。

（豆知識）寺山修司（1935〜83）は青森県生まれの歌人であり劇作家です。「演劇実験室」であると宣言した前衛演劇グループ「天井桟敷」を主宰しました。短歌、戯曲、俳句、詩、映画、脚本、評論といった分野でマルチに活動し、膨大な量の文芸作品を残しています。この文章は、『人魚姫』（寺山修司メルヘン全集8・マガジンハウス）所収。

それはきれいなばらいろで、
けしつぶよりかちいさくて、
こぼれて土に落ちたとき、
ぱっと花火がはじけるように、
おおきな花がひらくのよ。

金子みすゞ（『わたしと小鳥とすずと』）

童謡詩人、金子みすゞの詩です。笑いというのは、花が咲くような感じだと言っています。続きがあります。「もしもなみだがこぼれるように、こんなわらいがこぼれたら、どんなに、どんなに、きれいでしょう。」。美しく優しい表現です。この「花火がはじけるように、おおきな花がひらく」笑いという表現から、『古事記』の言葉が思い出されます。天照大御神が天岩戸にお隠れになった時、天鈿女命が半裸になって踊り岩戸の周りが大変盛り上がります。そこに「神々がわらいたもう」という文章があるのですが、その字が爆笑の「笑」ではなくて「咲」と言う字になっています。つまり「咲う」と書いてあります。

今は「咲」という字は、花が咲くというように　しか使わないですが、昔は「わらう」とも読んでいたのです。花が咲くということと笑うことは、もしかしたら、はるか昔にはイメージとしてつながっていたのかもしれません。

豆知識 金子みすゞ（1903〜30）は大正末期から昭和初期に活躍した童謡詩人。26歳で天逝するまで約500編の詩を残しました。1980年代に再評価され、教科書やCMなどに取り上げられたり、多くの作曲家によって曲がつけられました。代表作は「私と小鳥と鈴と」「大漁」など。この詩は、『わたしと小鳥とすずと』（金子みすゞ童謡集・フレーベル館）所収。

［笑い］

生物のなかで人間だけが笑う。
人間のなかでも、賢い者ほどよく笑う。

『ユダヤ格言集』

喜びをあらわす動物はいます。私の家の犬も大好きなおやつを与えると、喜んで尻尾を振ります。でも笑っているのとはちょっと違います。フランスの哲学者のベルクソンも、笑いは予想がはずれた時にも起こると言っています。普通は予想がはずれるとがっかりしたり、怒ったりしますが、人間だけは笑うことができる。それも賢い者ほどよく笑います。

なぜなら知性が発達していると、細かいことに気付けるからです。賢い人は笑うポイントが増えるのです。せっかく動物より賢くなっているのなら、たくさん笑わないと損な気がします。たとえば小説を読みながら「そんなことないやろ」とツッコミを入れていくとたくさん笑えます。私は授業で学生に『論語』でショートコントをつくってもらいます。おちがうまく決まらなくて、みな悩むのですが、そういう時は「ジャンガジャンガ」などお笑い芸人のギャグを入れるとおさまります。

笑いは、敵味方の差別を取り除く。

ジョン・ミルトン

敵と味方が争っている時笑いが起きたら、一体感が出てしまい、戦いになりません。ビートルズのジョン・レノンは「兵士はズボンを脱いだらいいのだ」と名言を吐きました。ズボンを脱げば、もう戦う気が失せるだろうというのです。確かに下半身が裸の二人が武器をもって対峙している場面を想像すると、笑ってしまいます。バカバカしくて、「お前まずズボンをはけよ」「いやお前こそ」みたいな感じになると思います。

『平家物語』の「扇の的」の場面でも、平家の女たちが挑発して扇を掲げ、那須与一が、はずしたら死ぬ覚悟で弓を射ます。すると見事にその扇を打ち落とします。それを見た平家の女たちは船端をたたいて褒めあげます。源氏の方も「えびらをたたいてどよめきけり」と、双方が歓声を上げます。たとえ敵味方に分かれていても何かのきっかけで笑いが起きると、ノーサイドになるということです。

豆知識 ジョン・ミルトン（1608〜74）はイギリスの詩人であり思想家。ルネサンス期の長編叙事詩『失楽園』の著者。清教徒革命でイングランド共和国を樹立したクロムウェルのラテン語秘書として活躍しますが、過労から失明。その後、人間と神についての思索を深め、大作『失楽園』となって結実しました。

［笑い］

人の顔を美しくする最高の美容術は、
笑いである。

斎藤茂太

最近ではメンズエステが流行り、男性用化粧品もあるくらいで、顔を美しくしたいのは男性も女性も同じのようです。作家で精神科医でもあった斎藤茂太さんは最高の美容術について、「笑い」であると喝破しています。

笑っていると心が明るくなるので、内側からの生き生きとした生命力が顔から発せられ、美しくなるのです。

確かに〝笑顔の輝き〟というものがあると思います。オードリー・ヘプバーンは普通にしていても美しいですが、映画『ローマの休日』のアイスクリームを食べるシーンの笑顔や、スクーターの後ろに乗って笑っているシーンなどを見ると、美しさが輝いています。

表情が暗くなると、顔つきがどんよりして、顔の皮や肉自体が垂れ下がったようになります。笑うと口角が上がりますから、表情筋が鍛えられ、顔に張りが出てきます。それだけで美しさは倍増するのです。

豆知識 斎藤茂太（1916〜2006）は、歌人で精神科医だった斎藤茂吉の長男、東京市生まれ。精神科医で随筆家です。旅行好き、乗り物好きで知られ、自らが会長となり日本旅行作家協会を発足させています。家族や心の在り方をテーマにした随筆の多くがベストセラーとなり、今でも人々に親しまれています。

［笑い］

もっとはっきり言いましょう、 笑いは必要なものです。

ミシュレ（『魔女』）

一九世紀フランスの歴史家ミシュレが、『魔女』という本に書いた言葉です。「われわれが笑うことができないとしたら、すくなくともわれわれの味わう様々の苦悩のただなかで、どうやってこの人生に耐えることができようか」と書いています。面白い時に笑えばいいということではなく、笑いは生きていくために絶対的に必要ということです。笑うことで、それまでの鬱屈した気分を吹き飛ばせます。ドイツの哲学者ニーチェも「人間だけがこの世で苦しむため、笑いを発明するほかなかったのだ」と言っています。"鬱屈した状態からの解放が笑い"ということでしょう。

私も授業ではとにかく笑いを追求しています。先日もドストエフスキーの大長編『カラマーゾフの兄弟』を取り上げ、ショートコントにしてみたのです。二五人ぐらい学生全員に割り振ってやってもらったところ、大いに笑い、学びも深まりました。

豆知識　ジュール・ミシュレ（1798〜1874）は『フランス革命史』『ジャンヌ・ダルク』などを著わしたフランスの歴史家で、「ルネサンス」の言葉を造ったことでも知られます。『魔女』には、キリスト教支配の中で行われた異端者としての魔女狩りについて、いかに多くの女性がいわれもない罪を背負わされ、凄惨な目にあったかが書かれています。

［微笑］

日本人の微笑は、
念入りに仕上げられ、
長年育まれてきた作法なのである。

ラフカディオ・ハーン（『日本人の微笑』）

ラフカディオ・ハーンは日本人と日本文化を深く愛した人です。彼は日本人の微笑について、胸が張り裂けそうな時も、笑顔を崩さないのが作法なのだと言っています。自分の子どもに不幸があった時でさえ、亡くなった様子を他の人に話すのに、微笑を絶やさないと書いています。そういうふるまいは西洋人には理解しがたいことですが、ハーンは日本人のことを理解しているので、自分の悲しみを相手に移さないための作法であると考えて納得するのです。

芥川龍之介も『手巾（ハンケチ）』という短編で、息子を亡くした女性が息子の話をする時、微笑を湛えていたけれど、実はハンケチを強く握りしめ、その手は震え、全身で泣いていたという話を書いています。心では泣いていても相手のことを思いやって微笑むのが作法なのだと考えると、常に静かに微笑んでいる人は、人間ができた人なのかもしれませんね。

（豆知識）パトリック・ラフカディオ・ハーン（1850〜1904）は日本に帰化したアイルランド出身のイギリス人で、小説家、随筆家、日本研究家です。明治29年に日本国籍を取得して「小泉八雲」と名乗りました。晩年は東京帝国大学で英文学の教鞭をとり、54歳で亡くなる時は早稲田大学の講師を務めていました。

［礼］

礼とは外の飾りでもって
内心を相手に悟らせる手段である。

韓非子（『韓非子』）

礼とは内側の心を相手に知らせることです。たとえば菓子折りを持ってお礼に行くのは、こちらの内側の気持ちを、お菓子という外側の形にして差し出す行為です。気持ちそのものを差し出すのが難しいので、礼というルールにのっとって内側の気持ちを示しているのです。その礼にもいろいろあって、上礼すなわち最高の礼は、神が見ていると思ってやるものである、と韓非子は言います。俗人は、見られているのといないのとでは態度が変わります。上役がいる前ではペコペコして、いなくなるととたんに態度が大きくなって、いばり散らす人は礼がなっていないのです。

子どもを使った心理学の実験でも、誰も見ていないところではズルをする子が、「横に透明なプリンセスが座っているよ」と言うと、ズルをしなくなります。「お天道さまが見ているよ」という日本古来の言い方は礼節を守る上で、非常に大きな効果があったのです。

（豆知識）韓非または韓非子（紀元前280？〜紀元前233）は中国戦国時代末期の思想家です。著書の『韓非子』は法治主義や富国強兵について書かれています。人間の本性は悪だからこそ、法律で厳しく取り締まり、信賞必罰や厳しい刑罰が必要と説きました。しかし生前には評価されず、投獄されて自殺しています。

［偏見］

偏見はドアから追い出しても、
窓から戻ってくる。

フリードリヒ大王（『ヴォルテールへの手紙』）

偏見はなかなかなくなりません。ドアから追い出しても、また戻ってきてしまうようなものです。物理学者のアインシュタインも「偏見を砕くのは原子を砕くより難しい」と述べています。たとえば昭和における普通の考え方が、今では偏見とみられるものがあります。女子社員にお茶くみをさせたり、「君、コピー頼む」と命令したりする習慣は、昭和の時代に生きた人だと、ドアから追い出してもすぐ入ってきてしまうものでしょう。

昭和の時代には当たり前だった「親の顔が見たいよ」という言葉も、親の人格まで否定していますから、今の時代で使うと完全なパワハラになります。古いタイプの政治家に失言が多いのは、偏見が一朝一夕ではなくならないことの証しでしょう。偏見は大変しつこいものですから、追い出しても追い出しても、戻ってくるものだとしても、めげずに追い出し続けることが大切です。

（豆知識）フリードリヒ大王（1712〜86）はプロイセン（ドイツ北東部にあった王国）の第3代王。有能な君主としてプロイセンを強国に成長させました。学問に明るく膨大な著作も残しています。功績をたたえて「フリードリヒ大王」の尊称で呼ばれています。

常識とは一八歳までに身に付けた偏見のコレクションのことを言う。

アインシュタイン

常識とはみなで共有しているとまともなように思えますが、アインシュタインは「偏見のコレクションだ」と一刀両断しています。アインシュタインにとっては常識とは受け入れるものではなく、打ち破るべきものです。

彼が壊した常識は、「ニュートンの世界観」というとてつもないものでした。ニュートンは、時間は時間、空間は空間と分けて考えていました。ところがアインシュタインは時間と空間が組み合わさった相対性理論を打ち立て、超高速で移動した場合、時間が縮むことや、強力な重力のもとでは時空が歪むことを発見したのです。

私たちの周りにも、偏見に満ちた常識がたくさんあります。たとえば女性の参政権が認められたのは第二次世界大戦後のことですし、ほかにも常識とされている偏見がたくさんあるはずです。当たり前と思われる常識も、偏見かもしれないと疑ってみる姿勢が大切です。

豆知識 アルベルト・アインシュタイン（1879〜1955）は子どもの頃から数学に対して傑出した才能を示しました。9歳の時にピタゴラスの定理を知り、美しい証明を考え続けて、独力で定理を証明しました。12歳のときには、ユークリッド幾何学の本をもらって独習をし、微分・積分を習得したという話です。

［偶然］

偶然は幼子である。

ニーチェ（『ツァラトゥストラはこう言った』）

哲学者のニーチェは、偶然について「幼子である」と定義しています。誰でも向こうから幼子がヨチヨチ歩いてきたら、邪険に拒否はできないでしょう。そういう気持ちで偶然を受け入れてください。私は学生たちには「出会いの時を祝祭に」と話しています。偶然出会ったのだから、その縁を大切にして、お祭りのように楽しい気持ちで受け止めると、人生は好転していきます。「セレンディピティ」という言葉があります。ラッキーな偶然という意味です。偶然を拒否していては、ラッキーな偶然に出会えません。

「セレンディピティ」には出会えません。ラッキーな偶然は棚からぼたもちのように降ってくるわけではありません。ペニシリンを発見したパスツールは、「偶然は準備のない者には微笑まない」と言っています。偶然に見える発見も、実は備えのあるところにしか訪れません。その備えの一つが、幼子のように偶然を排除しない姿勢なのです。

（豆知識）フリードリヒ・ニーチェ（1844〜1900）はドイツの哲学者です。『ツァラトゥストラはこう言った』は山からおりてきた賢者ツァラトゥストラが人々に神はいないこと、したがってこの世界は無意味であるが、にもかかわらず無意味な人生を生きていくのが超人である、という考え方を説く小説です。

正義とは、強者の利益にほかならない。

プラトン（『国家』）

古代ギリシャの哲学者プラトンは師であるソクラテスの言葉をまとめました。『国家』は、アテネで、ソクラテスが人々に対して、国家や正義、戦争、教育から詩にいたるまで繰り広げた問答をまとめたものです。ポレマルコスという人が正義について「友人を益し、敵を害することだ」と言うと、トラシュマコスという弁論家が「正義は強者の利益である」と反論するわけです。確かに戦争を例にとっても、正義は勝った方にあります。戦勝者の側が、戦争の裁判で裁かれることはあまりありません。強い者が主張すると、それが正義になってしまいます。ネットの世界でも、正義が自分たちの方にあると思い込むと、相手を徹底的にたたきつぶしてもいいのだ、と暴走する傾向があります。しかし人によって正義の定義は違います。自分あるいは自分たちだけが正義だと思い込むのは危険です。正義感に燃えている人はとくに注意すべきです。

豆知識 プラトン（紀元前427〜紀元前347）は古代ギリシャの哲学者。ソクラテスの弟子で、アリストテレスの師です。『ソクラテスの弁明』『饗宴』『国家』などソクラテスを中心とした対話による著作を多数残しています。アテネの近くにアカデメイアという学校をつくり、教育と研究に一生をささげました。

［忠告］

必要であればあるほど拒まれるものがある。
それは忠告だ。
それを余計に必要とする人、
すなわち無知な人からいやがられる。

レオナルド・ダ・ヴィンチ

私にも忠告に関して、苦い経験があります。大学生の時、授業で同じ漢字をずっと間違って読み上げてしまう先生がいました。気の毒になって「そうではないのですが」と忠告したことがあります。それ以来、すっかり関係が悪くなってしまいました。忠告は「言わなきゃよかった」と思うこともしばしばです。

その忠告が本当に当たっている場合は耳が痛いし、外れている場合は「何、言ってるんだ」ということになり、どっちにしてもいいことはありません。ですからちょっと甘味を混ぜるのがいいと思います。

正露丸（せいろがん）という整腸薬が昔からあります。それを今は甘い衣で包んで糖衣錠として販売しています。特のにおいがあり苦いのですが、それを今は甘い衣で包んで糖衣錠として販売しています。

これからの時代は忠告も甘い衣をまとわせるのがいいのではないでしょうか。褒め言葉のなかに忠告をうまく混ぜていくのがいいと思います。

（豆知識）レオナルド・ダ・ヴィンチ（1452〜1519）はフィレンツェ共和国（現在のイタリア）ヴィンチ出身の、ルネサンス期を代表する芸術家です。『モナ・リザ』『最後の晩餐』を制作した画家として有名ですが、解剖学に関する手稿など、芸術や科学、工学、数学など様々な分野で結果を残した天才です。

勉強と教育

［勉強］

当時緒方の学生は、十中の七、八、
目的なしに苦学した者であるが
その目的のなかったのがかえって幸せで、
江戸の学生よりもよく勉強ができたのであろう。

福沢諭吉（『福翁自伝』）

福沢諭吉がここで言っているのは、最高の勉強は目的なしの勉強であるということです。立身出世やお金を稼ぐためなど欲得を考えてする勉強は、本当の勉強ではありません。諭吉たち書生は〝何に効くかわからないが、自分たち以外にこんな苦い薬を飲むものはいないだろう〟という気概で蘭学をやっていたのです。当時はオランダ語ができても、将来が約束されたわけではありませんでした。

しかし、目的なしにやりきった時、達成感を感じます。それが本当の勉強なのだと、諭吉は言うわけです。大リーグの大谷翔平選手にしても、もう少し日本で長くやっていた方が高い契約金でアメリカに行けたはずです。でもお金が目的ではなく、もっとレベルの高いところで自分を伸ばしたいからと、さっさと行ってしまう。その結果今の活躍があります。つまり、勉強とは目的もなく、ただ没頭するのが最高なのだということです。

豆知識　福沢諭吉（1835〜1901）は豊前中津藩（大分県中津市）の下級武士の子として、大阪の中津藩蔵屋敷で生まれました。幕末から明治にかけての啓蒙思想家、教育者で慶應義塾大学の創設者。『福翁自伝』は、誕生から65歳までの生涯とその思想について主に前半生を中心に語られています。この文章は『現代語訳　福翁自伝』（ちくま新書・齋藤孝編訳）所収。

［勉強］

勉強することは、
変身の恐ろしさのまっただ中にダイブすることだ。

千葉雅也（『ツイッター哲学：別のしかたで』）

この言葉の前には「勉強が嫌い、というの
は、自分を変えたくないということだと思う。
そして勉強嫌いが多いのは、今の自分でまあ
いいかという人が多いからだろう。別人のよ
うに変わることは、恐ろしいことなのだろ
う」が入ります。勉強は、新しいものと出会
うことです。「変身の恐ろしさのまっただ中
にダイブする」ということで言えば、地動説
の話があります。

当時、誰もが地球が中心で天が動いている
と考えていましたが、ガリレオが地動説を唱
え、地球が動いていると主張したわけです。
賛同した多くの人が罰せられました。なぜか
というと、聖書の考え方とは違う新しい知識
が恐ろしかったのです。だからガリレオは裁
判にかけられています。勉強は、学ぶことで
新しい自分になることでもあります。勉強で
新しい世界の魅力を知り、別人のように変わ
ってしまうこともあるのです。

（豆知識）千葉雅也（1978〜）は栃木県宇都宮市生まれの哲学者、小説家です。立命館大学大
学院先端総合学術研究科、同大学衣笠総合研究機構生存学研究所教授。『ツイッター哲学』
（河出文庫）は千葉雅也がツイッターに投稿した140字のツイートの数々を編集したもので、
「有限性の哲学」と紹介されています。

教育は、最も高価な投資である。

ドラッカー（『経営者の条件』）

　教育とは、お金がかかるものです。それでも優れた企業は優れた人材を育てるために教育への投資を惜しみません。ある企業の代表の方から聞いた話ですが、新入社員に専門的なことを教え、一〇年ほど経って一人前になっても、その頃になると辞めて転職してしまうのだそうです。「もう慈善事業をしているようなものだ」と嘆いていました。確かに教育は高くつきます。しかしけちってはいけません。日本では現在、高等学校等就学支援金制度があり、高校が無償化になっています。また大学無償化への動きもあります。未来を見ている国は、教育にお金を使う必要があるのです。

　私は「一〇〇冊絵本のある家庭」という活動を提唱しています。〇歳児から小学校に上がるまでは、絵本を軸に教育することをおすすめします。読み聞かせで親子関係もよくなり、情緒にもプラスになります。

豆知識 ピーター・ファーディナンド・ドラッカー（1909〜2005）はアメリカの経営学者。オーストリアで大学教授の家庭に生まれ、高い教育を受けました。ドイツで記者をしていましたが、ナチスの台頭を嫌ってイギリス、その後アメリカにわたります。マネジメントを体系化し、2002年にアメリカ政府から大統領自由勲章を授与されています。

［教育］

教育とは、
学校で習ったことをすべて忘れた後に、
残っているものである。

アインシュタイン（『晩年に想う』）

学校で多くのことを習ってもほとんどは忘れてしまいます。だから教育はむだだという人もいます。でもおおかた忘れてしまっても、それでもなお残るものがあるのではないでしょうか。それこそが教育だ、というのが物理学者のアインシュタインの主張です。相対性理論を発見したアインシュタインが言うのですから、正しいような気がしますね。誰でも学校で教わったことで何か残っているものがあるのではないでしょうか。

私の場合、小学校で先生から「人の話を聞く時はうなずくのが大事ですよ」と言われたことがずっと頭に残っていて、今でも人の話はうなずきながら聞きます。たとえむだに思えることでも、何が残るかわからないのですから、学校で教育を受けることは大切です。人間の中には濾過機能のようなものがあって、自分にとって大事なものは濾過されて残っていくのだと思います。

豆知識 アルベルト・アインシュタイン（1879～1955）はドイツ出身の物理学者でノーベル物理学賞を受賞しています。ナチスによる迫害を逃れてアメリカに亡命しました。相対性理論やE＝mc²（エネルギー＝質量×光の速度の2乗）の公式で有名です。数々の大学で教鞭をとり、晩年は平和運動に尽力しています。

学校とは小さな社会である。

ジョン・デューイ（『学校と社会』）

学校というと、教科書を使って勉強を教えるところというイメージがあると思います。

しかし教育学者のデューイは学校を一つの小さな社会と考えました。確かに学校は、遅刻をしてはいけないとか、宿題は忘れるな！など、集団生活を行う上でのしばりがあります。学校を通して社会を経験しているので、学校が小さな社会である、というデューイの指摘はその通りだと思います。

そして学校の中でいろいろな問題につきあたったら、それを解決するために教科の知識が必要になるというのがデューイの考え方です。つまり知識だけでなく、行動していくところがポイントとなります。この考え方は日本の教育にも影響を与え、自由教育など様々な形で広まりました。現在、カリキュラムにある総合学習の時間も、学校と社会を結びつける教育の一環といえるでしょう。

（豆知識）ジョン・デューイ（1859〜1952）はアメリカの哲学者、教育学者。従来は絶対的なものと考えられてきた真理や観念、道徳の知識などは、人間が問題を解決するための手段であるととらえています。その理念を実践するために、シカゴに実験学校をつくり、様々な教育理論を実験するなど、実験的手法を行いました。

［学者］

学者とは、
様々な書物を読んだ人のことなのです。

ショーペンハウアー（『みずから考えること』）

学者はたくさん本を読みます。哲学者ショーペンハウアーの言葉には続きがあります。

「思想家・天才・世界の啓発者・そして人類を進歩させた者は、直接に、世界という本を読んだ人たちです」。つまり本だけでなく、実社会も経験しているのです。同じような表現が哲学者のデカルトにもあります。デカルトは読めるだけの本はすべて読んだので、次は世界という大きな書物を読みにいくと言って旅に出ました。新しく何かを生み出す人は、世界そのものに向き合う感じがします。たとえば天才アインシュタインがずっと本ばかり読んでいる姿はあまり想像できません。行動を伴ってこそ、革新的なものが生み出せるのでしょう。ただ、私は本ばかり読む学者もいていいと思います。特定の分野にものすごく詳しい人がいれば、そのことについてすぐ答えてくれるので大変便利です。いろいろなタイプの学者がいるのが学問の世界です。

（豆知識）アルトゥール・ショーペンハウアー（1788〜1860）はドイツの哲学者です。ポーランドで生まれドイツで育ちました。代表作は『意志と表象としての世界』。日本では戦前、学生たちがデカルト、カント、ショーペンハウアーを読むことを「デカンショ」と呼び、当時の暗い世相とマッチしてブームとなりました。

［教養］

教養なんて大人のおもちゃなんだから、あれば遊びが増えるだけの話。

タモリ

タモリさんの「教養」についての定義です。「大人のおもちゃ」であり、役に立つか立たないかという基準ではなく、気楽に遊べるものとしてとらえています。テレビの『ブラタモリ』を観ていると、タモリさんの教養の深さがわかります。専門家の先生が「これは何でしょうか」と聞くと、タモリさんは容赦なく当ててしまいます。バラエティであれば外したり、ボケたりするところですが、専門家の先生を相手に真剣勝負をして遊びたいというタモリさんの思いが、そうさせているのだと思います。

『タモリ倶楽部』というゆるい番組が長く続いていました。オーディオの回とか、鉄道の回とか、それぞれ専門に遊んでいる人と熱く語り合うのですが、どうでもいいようなテーマで遊んで、飽きさせませんでした。大人は教養があるほど遊べるのです。

豆知識 タモリ、本名森田一義（1945〜）は福岡県福岡市出身のタレントです。32年にわたり『森田一義アワー　笑っていいとも』の総合司会を務めました。『ブラタモリ』はNHK総合テレビで放送されている紀行・教養バラエティ番組です。『タモリ倶楽部』はテレビ朝日系列で2023年まで放送されていた深夜バラエティ番組です。

［教養］

教養の無いところに幸福無し。
教養とは、まづ、ハニカミを知る事也。

太宰治（『書簡』）

ハニカミというのは含羞という意味です。『人間失格』をはじめとして、太宰治の小説には「はにかみ」という言葉がたびたび登場します。教養がはにかみを知ることというのは、少しわかりにくい表現ですが、反対を想像すると理解しやすいでしょう。無教養だと、厚顔無恥で、恥知らずにふるまいがちです。教養がないから、何をしても恥ずかしいと思わない。恥ずかしいことをしていることもわからない、というわけです。教養があれば、知らないことを恥ずかしいと思います。照れやはにかみが生まれるのです。

教養は自己形成とも結びついています。ドイツ語では教養をビルドゥングと言いますが、自己形成と訳すこともあります。「ビルドゥングスロマン」は、「教養小説」であり「自己形成小説」です。教養を身につけることが人間的な成長であり、成長を自覚することが幸福になる一つの道でもあります。

(豆知識) 太宰治（1909～48）は私小説作家です。『走れメロス』『斜陽』『人間失格』など多くの作品を残しています。青森の裕福な地主の家に生まれましたが、自殺未遂をしたり、薬物に溺れるなど破滅的な人生を送りました。『人間失格』の「はしがき」に続く冒頭の文章は「恥の多い生涯を送って来ました」で始まっています。

［医学］

医は仁術なり。
仁愛の心を本とし、
人を救うを以て志とすべし。

貝原益軒（『養生訓』）

「仁」というのは、中国の思想家孔子の思想の中でも、とても重要な概念です。「仁とは何か?」と聞かれたら、「真心、誠実さです」が正解ですが、さらにつけ加えて「医は仁術なり」と言えれば、なるほどと納得してもらえます。この言葉は、医者とはただ病気を治すだけではなく、人を救うことを志すべきだということを指しています。「自分の利益ばかりを求めてはいけない、仁愛の心が大元にあるべきなんだよ」ということです。

医学は、大筋では人々の役に立っているのですが、中にはひどい医者もいないわけではありません。病気が治ってしまうと来なくなるので、ズルズルと治療を長引かせる医者がいたら、嫌ですよね。黒澤明監督の映画に『赤ひげ』という作品があります。貧しい人たちもわけ隔てなく、病気も心も回復するよう最善を尽くす医者、赤ひげの姿は、まさに「仁術なり」の言葉を体現していました。

豆知識 貝原益軒（1630〜1714）は江戸時代の儒学者、本草学者（医学に関する学問）。福岡藩の文書・記録を仕事とする武家の家庭に生まれました。京都で本草学や朱子学を学んでいます。70歳になると福岡藩の仕事を退き、著述業に専念しました。『養生訓』は益軒が83歳の時の著作で、自分の体験から導き出した健康法の解説書です。

［経験］

経験はそれだけでは経験にならない。
他のもう一つの経験によって乗りこえられた時、
初めて一つの経験になる。

ゲーテ

初めて経験することは、えてしてその意味がよくわからないものです。でももう一つ経験すると「ああ、そういうことだったのか」と意味がわかります。新入社員が一年目を過ごしている時は、無我夢中で体験の意味がわかりません。その渦中になると、経験していても、何を経験しているのかさえわからない。

でも二年目になって、新しい新入社員が入ってくると、「そういえば自分もあのころはこうだったな」というふうに、意味として自分の中に見えてきます。

美の体験もよく似ています。より美しいものを見た時に、「あっ、これが本当の美だった」とわかります。経験を積んでいくことによって、美の経験もどんどん変わっていくということなのかもしれません。

豆知識 ヨハン・ヴォルフガング・フォン・ゲーテ（1749〜1832）はドイツの詩人、小説家です。ドイツの名家に生まれ、ワイマール公国の宰相をつとめました。『若きウェルテルの悩み』や『ファウスト』などの多数の小説、詩、戯曲を書いています。人格の調和と精神の普遍性をめざしたゲーテの思想や芸術、生き方は後年にも大きな影響を与えています。

［遊び］

遊びをせんとや生まれけむ。

『梁塵秘抄』

　無心に遊んでいる子どもたちを見ていると、遊びをするために生まれてきたのだろうなと思うぐらい楽しそうです。大人になると、そうはいかない場合が多いでしょう。それで、「あんなふうに楽しい子ども時代が自分にもあったかもしれないけれど、それは遠い日のことになってしまったな」と、自分の中の子どもの記憶が呼び覚まされて、心動かされたりする。遊ぶというのは楽しいものです。

　ところが大人になるにつれて、だんだん遊ばなくなります。「最近遊んでないな」と思うことも多いと思います。そういう意味では、仕事が遊びになっている人は強いです。仕事をすることでストレス解消になるのですから。

　私も大学生と授業をするのは、最高の遊びです。できれば、大人になっても自分のやることを遊びのように楽しめるのが、一番いいのかなと思います。

豆知識 『梁塵秘抄』は平安時代末期に編まれた今様歌謡集です。今様とは当時の「現代流行歌」。編纂した後白河法皇は今様を愛好し、熱中しすぎて喉を痛めたという話も残っています。「遊びをせんとや生まれけむ、戯れせんとや生まれけむ、遊ぶ子どもの声聞けば、我が身さえこそ動がるれ」の歌は中でも有名です。

［遊び］

すべての遊びは、
まず第一に、
自由な行動である。

ホイジンガ（『ホモ・ルーデンス』）

「命令されてする遊び、そんなものはもう遊びではない」とも、また遊びは真面目にするものだとも、ホイジンガは言っています。不真面目だと遊びは上手くいきません。ゲームをやっている時に「別に負けたってかまわない」と言ったり、ズルしたりする人がいると、全く盛り上がらないものです。だから遊びは、情熱をかけて真面目にやるのです。それから、第一前提として自由でなければいけない。遊びが強制されたら、もう遊びではありません。逆を言うと、限られた条件の中で、ほぼ強制されているような場合でも、その中の自分の行動は自由だと思ってやると、ずいぶん変わってくるのではないでしょうか。

与えられている制限を、むしろゲームのルールとして考えると、面白くなってきます。仕事でも何でも、自分たちで仮の目標を設定してゲーム感覚で取り組むと、いろんな活動が遊びになるのかなと思います。

――――――――――――――――――――

(豆知識) ヨハン・ホイジンガ（1872〜1945）はオランダの歴史家です。遊びは人間活動の本質であり、文化を生み出す根源だという説のもと、『ホモ・ルーデンス（遊ぶ人と言う意味）』という用語を用い、同名の著作を発表しました。この本の中では、あらゆる角度から「遊び」についての考察が繰り広げられています。

［子ども］

子どもというものは、
元気なようでいて、
案外もろくて弱いものです。
疲れやすいのです。

大村はま（『新編　教室をいきいきと1』）

この言葉は「おとなは弱いようでも、人生を長く歩いてきていますから、やはり持ちこたえるしかたも知っていて、疲れてきても自分を保つことができます」と続きます。子どもは意外なくらい疲れやすく、心も傷つきやすいのです。ちょっとしたことで「自分はダメだ」とか、「自分には価値がない」と思いがちです。そういう怖さ、もろさは中高校生まで続きます。子どもに向き合う時は「疲れやすいんだな」と思うと、見方が変わります。

逆に、「大人である自分はなんだかんだ言っても成長していて、ちょっとじゃ疲れなくなっている」とわかるでしょう。私は大村はまさんのご自宅に行ってお話を伺ったことがありますが、すごく優しい語り口の方で、こんな先生なら、子どもたちはみんな安心して勉強ができるだろうなと思ったものです。

豆知識 大村はま（1906〜2005）は、横浜市出身の国語教師で国語教育研究家。両親ともクリスチャンの家庭に生まれ、教師となります。生涯一教師として職務をまっとうしました。定年退職後「大村はま国語教室の会」を結成。日本の教育に大きな影響を与え、著作も多数出版しました。この言葉は、『新編　教室をいきいきと1』（ちくま学芸文庫）所収。

［友人］

正しい友人というものは、
あなたが間違っている時に
味方してくれる者のこと。
正しい時には誰だって
味方をしてくれるのだから。

マーク・トウェイン

他の人が見ると、「そっちに行ってはダメだよ」とか「もうちょっと我慢した方がいい」というのが、よくわかることがあります。あなたが間違っている時、自分の得になるわけでもないのに、わざわざあなたに言ってくれる人が正しい友人です。誠心誠意、心からのアドバイスをしてくれる人が、あなたの味方をしてくれる友人ということです。

シェイクスピアの『ハムレット』で、主人公ハムレットは、恋人のオフィーリアの「そっちに行ってはダメ」という制止を全く聞き入れませんでした。どんどん悪い方向へ突き進んでしまいます。オフィーリアが悲しんでいるのに「尼寺へ行け」などと暴言を吐いてしまうのです。彼女は傷つき、死んでしまいます。「そっちに行ってはダメ」と言ってくれる人がいるうちが華なのです。間違っていることを注意してくれる正しい友人の言葉には、耳を貸すのが賢明です。

(豆知識) マーク・トウェイン（1835〜1910）はアメリカ合衆国の著作家、小説家です。世界中で講演活動を行いました。ハレー彗星が観測された年に生まれ、「自分はハレー彗星とともに地球に来た。ハレー彗星とともに去るだろう」と予言。その通りハレー彗星が再び地球で観測された年に亡くなりました。

［友］

友のよろこびを
自分のよろこびにすることができる人こそ、
ほんとうの友なのであろう。

神谷美恵子（『遍歴』）

友人といえども、その人にいいことがあると、どこかで嫉妬してしまうことがあります。

友人の結婚式に行って、「なんだかなあ」と思って帰ってきた人もいるのではないでしょうか。でもそれは自分にとってもあまりいいことではありません。私は子どものころ『巨人の星』という漫画を読んで非常に感動しました。左門豊作という友人がプロ球団に指名され、主人公の星飛雄馬が「よかった」と涙を流すのです。これが本物の友情だなと思いました。実は人が成功した時、ほめたたえる練習をしておくとご機嫌になれます。

人にいいことがあった時、私は手帳に「おめでとう」とか「今日もいいことがあった」と書きます。すると、気分が明るくなって幸せになります。人に嫉妬するのではなく、自分も幸福感がわくようにセットしておきましょう。機嫌よく、幸せに人生を送るコツです。

（豆知識）神谷美恵子（1914〜79）は精神科医。上皇后美智子妃の相談役としても知られています。ハンセン病患者に接したことで衝撃を受け、医師をめざしました。生きがいとは何かについて記した『生きがいについて』が有名です。この文章は、『遍歴』（神谷美恵子コレクション・みすず書房）所収。

［創作］

人が寂寥を感じた時、創作がうまれる。
空漠を感じては創作はうまれない。
愛するものがもう何もないからだ。
／所詮、創作は愛にもとづく。

魯迅（「小雑感」）

空漠と寂寥は違います。空漠は何もない空っぽの状態。寂寥は愛するものがそこにいなくて寂しい気持ちです。つまり愛があります。考えてみると、世の中のラブソングの半分くらいはこの寂寥感を歌っています。「君を失って寂しい」という感情が創作の大元となっています。ですから創作が愛にもとづくのは本当かもしれませんね。自分の中で何かに対する思いがあるから、表現する気になるというわけです。創作欲が生まれないと嘆く方は、愛を失っているのかもしれません。愛といっても大それたものでなくてかまいません。何か好きなことについてあれこれ語ってみる。すると創作意欲がわいてきます。

私は学生に「好きな小説をヒット曲の替え歌にして歌ってみてください」という課題を出します。すると、みんなちゃんと替え歌にして歌えます。好きなものであれば、普通の人でも創作行為は十分にできるのです。

（豆知識）魯迅（1881〜1936）は『狂人日記』『阿Q正伝』などで知られる中国の作家、思想家。名家の出ですが、没落し人々の本心を知ります。20歳の時日本に留学。辛亥革命に期待するものの裏切られ、後に中国左翼作家連盟に加盟します。政治や権力への鋭い批判を展開。小説の他、多くの雑感を発表しています。

［才能］

根本的な才能とは、
自分に何かができると信じることだ。

ジョン・レノン

何をやりたいかはまだ絞れていなくても、自分は何かができると確信する。それは自己肯定力でもあります。ビジネスでも、成功している人は、たいてい自分は何かができると信じている人です。誇大妄想というか、大言壮語のように受け取られますが、自分はできるはずだと思ってやっている人は、それを成し遂げるのです。

確信ということで言えば、失くしものを見つける時も同じです。この部屋にあるのかどうか確信がないまま探すと、なかなか見つかりません。しかし、絶対あると確信して探すと、すぐに見つかります。私はこれを「確信力」と呼んでいます。不思議なのですが、確信できれば実現できます。画家のゴッホはどんなに自分の絵が認められなくても、自分は偉大な画家であると確信していました。ジョン・レノンは自分を信じる内側の力のことを、根本的な才能なのだと言っています。

<u>豆知識</u> ジョン・ウィンストン・レノン（1940〜80）はイギリスのリヴァプールに生まれました。ロックバンドビートルズのリーダーで、ボーカル、ギターなどを担当。多くの楽曲を作詞作曲しています。妻のオノ・ヨーコとともに平和を訴える活動を行いましたが、ニューヨークの自宅アパート前で銃撃されて亡くなっています。

292

［才能］

人間が授かった大いなる才能、
それは共感する力です。

メリル・ストリープ

メリル・ストリープはハリウッドの大スターです。映画『マンマ・ミーア』のように奔放で、歌も歌うお母さん役もできれば、『プラダを着た悪魔』の鬼上司ミランダのように、激しい個性のビジネスウーマンを演じることもできます。全く違う役なのに、どの役をやっていてもその役の人にしか見えません。そのうまさの秘密は、おそらく共感力なのだと思います。体ごと共感して、その人になりきって動いてしゃべっている。内面から溢れ出る演技なので、演技しているこてすら感じさせません。まさに共感力の極みです。

映画を見る方も、とことん楽しむためには共感力が必要です。映画『トップガン マーヴェリック』を見て、ハラハラドキドキし涙が出て、エンディングで勇気がこみあげて、「明日もがんばろう」という気持ちになったら、おおいに共感できたと言えます。理解力は共感力かもしれません。

豆知識 メリル・ストリープ（1949〜）はアメリカのニュージャージー州出身の女優です。イエール大学演劇大学院で学び1977年に『ジュリア』で映画デビュー。映画『ディア・ハンター』でアカデミー助演女優賞にノミネート後、数々の作品でノミネートされ、『ソフィーの選択』でアカデミー主演女優賞を受賞。

必要のない物を識別して手放すことも、知恵の一つよ。

ジェーン・フォンダ

「必要のないものを識別して手放す」というのは、片づけコンサルタントの近藤麻理恵さんの『人生がときめく片づけの魔法』でいうと、「ときめかなくなったら捨てる」ということでしょうか。ときめくか、ときめかないかで捨てるのを判断するのは面白いと思います。ただ私にはこれが難しいのです。

必要ないと思って処分して、後で後悔することもよくあります。私は〝いつの日か出番があるかもしれないものたち〟への想いがどうしても捨てられません。そのため引っ越しをする時、気が遠くなるような経験をします。さすがにもう、埃まみれだし読まないなという本を泣く泣く一〇〇〇冊以上処分したことがあります。それは女優のジェーン・フォンダが言うように、知恵だと思わないといけません。足の踏み場もなくなってしまうのは困りますから。そういう意味では、引っ越しは一種の脱皮に当たるのだと思います。

（豆知識）ジェーン・フォンダ（1937〜）はニューヨーク出身の女優であり政治活動家。父親は名優ヘンリー・フォンダで、弟のピーター・フォンダも俳優です。映画『コールガール』と『帰郷』でアカデミー主演女優賞受賞。反戦運動などを精力的に行い、2019年に気候変動問題の抗議デモで逮捕されたりしています。

［評価］

評価するとは創造することである。

ニーチェ（『ツァラトゥストラはこう言った』）

評価を定義するとき、創造である、という言い方は珍しいと思います。創造というと、何か新しい価値を生み出すものだと考えますが、それが評価である、というのは新しい定義です。このように定義は一つではなく、いろいろな仕方で光を当ててもいいのです。なぜ評価は創造なのかというと、評価をすることで新しい創造が生まれるからです。

たとえばバスケットのルールにスリーポイントシュートが加わりました。遠くから投げてゴールに入った方をより高く評価しようというルールです。そうすることでスリーポイントシューターが生まれ、バスケットの醍醐味が増しました。これも一つの創造です。フィギュアスケートでは評価のしかたを変えるたびに新しい技が生まれます。これも創造です。何を評価するかによって、生まれてくるものも違ってくる。だから評価は創造である、という定義はなるほどとうなずけます。

豆知識 フリードリヒ・ニーチェ（1844〜1900）はドイツの哲学者。20代で大学教授になるなど、早くから天才ぶりを発揮しました。著書『ツァラトゥストラはこう言った』では「神は死んだ」と宣言し、キリスト教的価値観を否定しました。

［比較］

比較は、自分に対する暴力行為です。

イヤンラ・ヴァンザント

イギリスの哲学者、バートランド・ラッセルも『幸福論』の中で、人と比較することは、人間の行為の中で最もよくないことだと言っています。比較は周りをうらやみ、自分を否定することにつながります。自分を人と比べない術を身につけておくと、不幸の要素はほとんどなくなってしまいます。〃人と自分を比べる〃のは心の習慣です。比べることを止めるには、その習慣を変えればいいだけです。

大学受験で合格するのは、自分は人より勉強できる、できないといった他人との競争ではなく、自分が受ける大学の合格最低点を、自分が上回るか上回らないかという自分との戦いです。同じように、ほとんどのことは人と比較する必要はありません。それがわかることが大事で、常に人との比較ではなく自分の問題としてとらえるようにするといいのです。「なぜ自分ばっかり」という口癖から治していくのがコツだと思います。

豆知識 イヤンラ・ヴァンザント（ロンダ・エヴァ・ハリス、1953〜）はニューヨーク生まれの弁護士で作家です。ニューヨーク市立大学法科大学院で法学博士号を取得しています。アメリカでもっとも有名なスピリチュアル・リーダーの一人。2000年に「最も影響を与える100人のアフリカン・アメリカン」に選ばれています。

［努力］

“努力”すれば必ず報われるんだ。
（努力しても）報われないとしたら、
それはまだ努力とはいえない。

王貞治（『王貞治「回想」』）

私が少年の頃、民放は一局しかなく、テレビをつけると巨人の試合をやっていました。ちょうど巨人軍の王さんと長嶋さんが活躍していて、漫画『巨人の星』を読みながら育ちました。王さんはプロ野球に入って最初は、あまり打てませんでした。それが一本足打法を編み出してからはホームランを量産するようになりました。その練習はすさまじいものがあり、有名な話としては、天井から糸でぶら下げた紙を日本刀で切るというものでした。部屋の畳が擦り減ってささくれ立っていたそうです。

王さんのプロ野球公式戦通算ホームラン記録八六八本は、日米を通じていまだに破られていません。その努力の量は凄まじいものでした。「（努力しても）報われないとしたら、努力とはいえない」という言葉は、強く心に響きます。

豆知識 王貞治（1940〜）は早稲田実業高校をへて読売ジャイアンツに入団。引退後は2球団で監督を務め、2006年の第1回ワールド・ベースボール・クラシックでは日本代表監督に就任。決勝戦でキューバを破り、「世界のホームランキングが世界最高の監督になりました！」と実況されました。『王貞治「回想」』（日本図書センター）所収。

想像力とは、
拡大され組み立てられた記憶以外の
何ものでもない。

ヴィーコ（『新しい学』）

想像力は記憶である、というのは面白い視点ですね。たとえば昼間、気持ちの悪い虫を見て、それが記憶に残ると、夜、夢で怪物があらわれる。昼間の記憶が夜、増幅されて夢の怪物になったわけです。想像力は昼間見る夢みたいなものだと考えると、想像力と記憶は対立するものではなく、密接に結びついているものだとわかります。だとすると、想像力を豊かにするには、いろいろなことを記憶しておいた方が有利です。文学作品を読み、芸術にふれ、知識を増やしていけば、想像力が広がります。

イタリアの哲学者であるヴィーコは、自学自習で学問を学んだ人です。あらゆる分野の書物を読んだ記憶の蓄積がのちにデカルトに対する反合理主義の哲学をつくり出しました。彼の業績は記憶にもとづく想像力がなければ、不可能だったかもしれませんね。

豆知識 ジャンバッティスタ・ヴィーコ（1668〜1744）はナポリの貧しい本屋に生まれました。ほぼ独学で学問を学び、貴族の子弟の家庭教師をしたり、大学で教えながら、糊口をしのいだ人です。デカルトの認識論に反対し、芸術の構想力は論理より優位であると主張しました。生前はあまり注目されることなく、死後、評価されました。

［知識］

知識は、天国へ飛び立つための翼です。

シェイクスピア（『ヘンリー六世』）

この言葉はシェイクスピアの『ヘンリー六世』の第二部に登場します。この文章の前段に「無学は神の呪いであり」というせりふがあって、この言葉と対比されています。あなたは神の呪いを選ぶのか、天に飛翔する翼を選ぶのか、どちらですか？　というわけです。

知識があれば想像力も働くし、思考も深まります。感性も磨かれるでしょう。

森鷗外の小説に『渋江抽斎』という医師の伝記があります。渋江抽斎は江戸時代の医者の名前です。彼の奥さんが「五百（いお）」といって、とても勉強熱心な女性でした。英語の本も読んでいて、ガリレオの地動説も知っていました。「夜中に人間は逆さまになるらしいですね」と話すエピソードが私は大好きです。エジソンも毎日百科事典を読んで覚えていたそうです。知識が増えることで考えや想像できる世界がどんどん広がっていくのは素晴らしいと思います。

豆知識　イギリスの劇作家ウィリアム・シェイクスピア（1564〜1616）は多くの戯曲を残しました。『ヘンリー六世』はイギリスとフランスの百年戦争とそれに続くイングランドの内乱、ヨーク家とランカスター家の薔薇戦争の時代を描いています。幼くして即位し、政争に巻き込まれたヘンリー6世は獄中で生涯を終えます。

［知性］

知性は、
いうまでもなく強力な筋肉をもってはいますが、
人格をもってはいません。(略)
目的や価値に関しては盲目なのです。

アインシュタイン（『晩年に想う』）

知性や知力があれば、おそるべき発明も可能です。その意味では知性は強力な筋肉を持っていると言えます。一方で知性には人格がありません。ですからそれをつくろうとした目的や価値については考えが及びません。数学者の藤原正彦さんも、頭がいいといろいろなことができるが、何をすべきかは結局は情緒が決めると言っています。アインシュタインはアメリカ大統領に原子力の軍事的利用について提言したことがありましたが、広島に原爆投下されたことに衝撃を受け、以後は平和運動に尽力しています。

彼のように強大な知力を持つ人間が、目的や影響を考えずに研究に励めば、おそろしい悪魔に利用されてしまうでしょう。今も遺伝子組み替えやAIなど最先端の技術が進んでいます。強力な筋肉は走り出すと止まりません。方向性を決める人格や情緒が必要です。

(豆知識) 世紀の発明、発見をしたのが、アルベルト・アインシュタイン（1879〜1955）です。E＝mc² （エネルギーは物質の質量に光速の2乗をかけたものに等しい）は有名な公式です。これによってほんのわずかな物質にもぼうだいなエネルギーがあることが証明され、原子エネルギーの研究につながっていきます。

［見る］

学ぶとは「物をみる」ことであり、「ものを観る」とは、美しいものを毎日解体していくことなのだ。

ゴッホ（『手紙』）

ものを観るのは、美しいものを毎日解体していくことだ、という言い方が面白いですね。

最初は無邪気に美しいと思って見ていたものが、だんだんものの姿が消えていって、人間の尊い知恵と入れ替わる、というのでしょうか。オランダの画家ゴッホの『麦畑』のシリーズを見ても、景色が波うっていて心象風景になっています。私たちもものごとを見る際に、単純に表面をなぞるだけでなく、ものを解体していくように見ていくと、新しい視点がつかめるでしょう。

ドイツの画家ヴォルス（一九一三〜五一）にも、「見ること、それは眼を閉じること」という言葉があります（『箴言集』より）。また『星の王子さま』にも、「大切なことは、目に見えないんだよ」という有名な言葉があります。本質をつかむには、一度目を閉じて思い込みを排除する必要があるのかもしれませんね。

豆知識 フィンセント・ファン・ゴッホ（1853〜90）はオランダの画家。牧師や画商の店員をへて、画家になることを決意。パリで印象派の影響を受けた後、アルルに移住し多くの作品を描きますが、画家ゴーギャンとの共同生活の破綻後、精神が不安定になり自殺します。弟テオにあてたたくさんの手紙が残っています。

［読書］

あらゆる良書を読むことは、
過去の時代にその著者であった、
最も教養ある人たちと
会話をするようなものである。

デカルト（『方法序説』）

　本を読んでいると、著者が語りかけてくるような気がします。ラジオを一人で聴いている時のように、本も書いた人とパーソナルにつながっている感じがします。それが読書の良さです。たとえば『奥の細道』を読んでいると、松尾芭蕉と対話している錯覚におちいります。もちろん一方的にあちらが語りかけてくるので、完全な対話ではありませんが、自分の方も心の中で「ですよね〜」とうなずきながら、語り返していると、いい読書ができます。

　読書は心の中に優れた先人の森をつくることです。一〇〇人の人の本を読むと一〇〇人の精神が心の中で育ち、森ができます。もしそれがないと自分の心一つしかないので、貧弱な森しか育ちません。つまり心が不安定なままです。また本には一冊ごとに書いた人の人格があります。だから本は踏んではいけないのです。

豆知識　ルネ・デカルト（1596〜1650）はフランスの哲学者、数学者です。『方法序説』は「理性を正しく導き、学問において真理を探求するための方法の話」という正式名称からわかるとおり、自分が真理を探求する方法論を見つけた過程を順序だてて説明しており、デカルト哲学の原理を知ることができます。

［本］

本は、私たちの中にある
凍りついた海を割る斧でなければならない。

カフカ（『オスカー・ポラックへの手紙』）

この文章を初めて目にした時、なんと美しい定義だろうと思いました。本は私たちの心の中にある凍りついた海、つまり無意識の世界のようなものをかち割って、噴き出させる斧なのです。ドイツ語作家であるカフカはシュールレアリズム（超現実主義）を予見した人です。まさにシュールレアリズムを代表するスペインの画家ダリの絵は、無意識が噴き出している感じがします。芸術は常識をたたき割る斧ですが、本もまた今まで自分が気付かなかった世界を、頭の中に噴き出させてくれる斧です。カフカの作品では『変身』が有名です。ある朝起きてみると、自分が大きな虫になっていたという、何とも不思議な物語です。自分という存在が実は安定したものではないのかもしれないという恐怖や抑圧されたものが、虫という形に姿を変えて、噴き出してきたわけです。自分がふだん考えないようなことを考えさせてくれるのが本です。

豆知識 フランツ・カフカ（1883〜1924）はチェコ出身のドイツ語作家です。夢の世界をさまようような不思議な小説を書きました。また恋人や友人に多くの手紙を残しています。『オスカー・ポラックへの手紙』は同級生だったオスカー・ポラックにあてた手紙をまとめたものです。

［古典］

古典とは、
誰もが読んでおこうと思いながら
誰も読もうとしない本のことである。

マーク・トウェイン（「アフォリズム」）

マーク・トウェインの言いたいことはよくわかります。たとえば『源氏物語』は誰でも知っていて「光源氏のあの話でしょ」と言うけれど、全部を読んだ人は現代語訳であっても少ないと思います。古いとか、長すぎるとか理由は様々ですが、要は退屈に感じるということでしょう。イギリスの哲学者バートランド・ラッセルも、古典は退屈な部分を含んでいると言っています。

もし『旧約聖書』を今の出版社にもっていったら、無駄に長かったりするからどこかをカットするようにと言って、そのままでは本にしてくれないでしょう。ラッセルは、すべての偉大なものには、そういう退屈な部分が含まれていると言いました。古典は退屈な部分がありますが、それに屈しないで読めば、豊かで味わい深い世界が広がっています。私はその耐える力を〝退屈力〟と名付け、『退屈力』という本まで出しています。

(豆知識) マーク・トウェイン（1835〜1910）はアメリカのミズーリ州フロリダ出身。数多くのアフォリズム（箴言）を残した、ちょっと皮肉な物の言い方をするユーモア作家です。ヘミングウェイは「すべての現代アメリカ文学はマーク・トウェインの『ハックルベリー・フィンの冒険』という一冊の本に由来する」と述べています。

［相談］

（相談とは）すでに自分で取ろうと
決意した行動に対して、
改めて他人の賛意を得ようとすることである。

ビアス（『悪魔の辞典』）

相談しに来たにもかかわらず、こちらのアドバイスを全く聞かないケースがよくあります。結局、自分が思った通りにするのなら、相談するなよ、と思うこともありますが、この定義を知っていれば、そんなふうに思わなくてもすみます。自分が決めたことに対して、人は背中を押してもらいたいのです。相談はそのためにする行為、と言い換えてもいいでしょう。

人は意外に頑固なので、自分が決めた結論は容易に変えません。ですから相談している人と話していて、どうしたいのかが感じとれれば、全然別のことを言って、時間をむだにしないですみます。教員は相談に乗るのが仕事なので、相手の背中を押してあげるよう心がけています。

豆知識 アンブローズ・グウィネット・ビアス（1842〜1913または1914）はアメリカの作家、ジャーナリストです。ブラックユーモアに満ちた『悪魔の辞典』を書き、ベストセラー作家になりました。ジャーナリストとしても活躍し、政府融資の裏側や大統領候補の暗殺など真実に迫る記事も書いています。

うずもれて一生終わるであろう
人に関する知識を残すのが民俗学。

柳田國男

柳田國男は日本における民俗学を確立した人です。うずもれて一生終わる人のことを「常民」と名付けていますが、要するに普通の人たちのことです。その人たちがやっていたこと、記録、慣習を残すのが民俗学である、というわけです。『遠野物語』も柳田國男が岩手県遠野地方に伝わる伝承を集めてまとめたものです。そういうものを残さなければ、消えてしまうでしょう。

柳田國男に『山の人生』という本があり、その中に木こりの話が出てきます。木こりの一家が、もう食べるものがなくなって飢餓に苦しんでいると、子どもたちが「おっとう、俺たちを殺してくれ」と頼むのです。木こりは子どもを殺しますが、つかまってしまい、新聞にのります。そうしたことは「私が書かなければみんな忘れてしまうから」と柳田國男は言うのです。みんなが忘れてしまうこと、その骨を残していくのが民俗学です。

（豆知識）柳田國男（1875〜1962）は民俗学者です。官僚をつとめるかたわら、抒情詩人としても知られていました。30代で民俗学の研究をはじめ、やがて官界を去って、研究に専念します。郷土研究や民間伝承を調査し、庶民の生活を記録しました。日本の民俗学の確立に尽力した人です。

［哲学］

哲学の問題の解決は、
メルヘンに登場する
プレゼントのようなものである。

ウィトゲンシュタイン（『反哲学的断章』）

哲学者で、ケンブリッジ大学の教授でもあったウィトゲンシュタインの言葉です。「それは、魔法の城のなかでは魔法のようにすばらしいものに思えるのだが、白日のもとでながめてみると、ありふれた鉄の塊（のようなもの）にすぎない」と続きます。哲学の問題の解決は、シンデレラのカボチャの馬車の魔法のように素晴らしく見えますが、魔法が解けたら「なんだ、ただのカボチャだったのか」となりがちだと言っています。

自分たちは大変な問題に取り組んでいると盛り上がっても、それは魔法にかけられたまやかしに過ぎない。そもそも問いに意味がないので、解決しようのない問題なのだ、というわけです。『論理哲学論考』では、「語りえないものについては、沈黙せねばならない」とまで記しています。語る意味がないとしたら、黙るべきだということです。

(豆知識) ルートヴィヒ・ウィトゲンシュタイン（1889〜1951）はオーストリア生まれ。イギリスの哲学者。ケンブリッジ大学で哲学を学びます。『反哲学的断章』は手書きの原稿の中から、哲学に直接関係のない文章を整理編集したもの。言語の問題、ユダヤ人の問題、音楽、宗教、精神分析など多岐にわたります。

［構え］

構えとは、
起こり得るすべての状況に
対応できる準備である。

ブルース・リー

ブルース・リーはカンフー映画『燃えよドラゴン』で世界のハートをつかんだ伝説の武道家です。この言葉の肝は「起こり得るすべての状況に対応できる」という点です。そのために「自然体の構え」をするということでしょう。だから武芸の達人はゆらりと立っているイメージがあります。力が入って固まっていては、次に動きにくいからです。仕事でも同じことが言えます。

私は大学院生の時に、長野県の小学校の先生の素晴らしい授業を見ました。三好達治の『土』という詩を題材にした授業でしたが、先生は前日に入念な準備をしていたのに、当日はそれを全部捨てて、子どもたちに自由に発言させていました。子どもたちが詩を読む声を聞いた時、先生は自分が想定していたよりも解釈が深いと感じたからです。その時のライブ感覚を大切にすることが準備であり、構えです。

豆知識 ブルース・リー（李小龍、1940〜73）は香港の中国武術家、俳優。武道の修行にあけくれていた18歳の時に単身訪米。道場を経営していましたが、空手選手権大会での演武がプロデューサーの目に止まり、武道家からアクションスターへと転身します。「燃えよドラゴン」の撮影終了後32歳の若さで急死します。

日常と生活

［客］

客は雨のようなものだ。
ときどきやってくるのはいいが、
来続けるのは困る。

『ユダヤ格言集』

　雨は降らないと困りますが、降り続けるのも困ります。お客さんも、たまに来るのはいいかもしれませんが、しょっちゅう来られると迷惑と感じる人もいるでしょう。昭和三〇年代、四〇年代を思い出すと、よく家にふらりと人が来ていました。私の子ども時代をふり返ってみても、近所の人が「鮎がつれたので」とか「自然薯が採れたよ」など、いろいろなものを持って訪ねてきてくれたものです。

　「それじゃ、ちょっとご飯でも食べていくかね」と声をかけると、家の中にあがりこんで家族と一緒に食卓を囲むこともありました。

　今の時代は、ふらりと来て、他人の家でご飯を食べていく人はまず、いないと思います。考えてみれば、昔はそれが普通だったのですから、今の時代はお客さん、というか人の存在がどんどん重くなってきているのかもしれませんね。

(豆知識) ユダヤ人はユダヤ教を信仰する人たちやユダヤ人の血をひく人々のことをいいます。世界各国に散らばり、独自のネットワークを築いています。ビジネスや家族、教育、生活など幅広い分野で共通の教訓を持ち、成功を得る格言として共有されています。

［化粧］

（化粧には）虚構によって
現実を乗り切ろうとする
エネルギーが感じられます。
そしてまた化粧はゲームでもあります。

寺山修司（『青女論』）

化粧をすると虚構の世界に入りこめます。私は高校時代に仮装大会で女装をしたことがあります。化粧をすると、現実でないものを生きているという、何かエネルギーのようなものがわいてきたのを覚えています。化粧には虚構で現実を乗りこえていく力があるのかもしれません。逆に言うと、現実とはその程度のもの。だから現実に押しつぶされないために、虚構のエネルギーで乗りこえてしまう。その強さが化粧にはあるということです。

ちょうど歌舞伎の隈取りと似ています。顔に隈取りをしただけで、この世のものではない力がわいてくるのだそうです。そういえば寝たきりの高齢の女性にお化粧をするリハビリがあると聞いたことがあります。化粧は生きる張り合いにもつながっているのかもしれませんね。

豆知識 寺山修司（1935〜1983）は歌人、劇作家。前衛演劇グループ「天井桟敷」を結成し、実験的な演劇を上演しました。『青女論』（角川文庫）は青年に対する概念として「青女」を提示しています。女性が自由に人生を生きるために、結婚、性、出産、老後をどうとらえるか独自の視点で述べています。化粧はその中の一項目です。

［下駄］

下駄は履物というよりも、
携帯用の廊下である。
鼻緒の一点で、
廊下を足にぶら下げて歩く。

赤瀬川原平（「毛の生えた星」）

下駄の定義というものを私は初めて知りました。普通下駄を定義しようとは思いません。下駄について考える人がいないからでしょう。でも改めて考えると、下駄を履いた感触が私は好きです。一つは鼻緒が足の指にぐっと食い込むのがいい。指を締めて歩くと気持ちがいいものです。もう一つは下駄だと足の裏が気持ちがいい。なるほど、木の廊下を裸足で歩いているのと同じ感覚です。その感覚を持ち歩いているのが下駄だという発想に、目を開かれました。

そういえば、以前『柔道一直線』というドラマがはやった時に、私は主人公が履く鉄下駄に憧れて買ってしまったことがあります。重すぎて、全く歩けませんでした。やはり下駄は木に限ります。下駄が木の廊下を携帯しているという赤瀬川原平の定義は、定義する面白さを教えてくれます。

豆知識 赤瀬川原平（1937〜2014）は前衛美術家、作家。尾辻克彦のペンネームで『父が消えた』で芥川賞を受賞。千円札を題材にした作品が通貨及証券模造取締法違反を問われ、有罪判決を受けるなど、前衛的な行動で知られています。『老人力』『東京路上探検記』など著書も多数あります。この文章は、『定本 二笑亭綺譚』（ちくま文庫）所収。

［酒］

酒ハ酔ウタメノモノデス。
ホカニ功徳ハアリマセヌ。

太宰治（『右大臣実朝』）

小説の中で実朝が言う言葉です。酒とは何かというと、酔うためのもの。ほかに役割はないと言い切っているのです。なかなか面白い定義のしかたです。宮本武蔵も剣の道とはただ斬ることのみであるというようなことを言っています。要するに、お酒は酔って意識をもうろうとさせたい時に飲むもの、それだけだ、ということです。

かつてはお酒を飲んで、酔った意識の中で交流するのが一般的でした。私も若いころは学生と一緒に朝まで飲むのを毎週やっていたことがあります。みんなで酔うのがとても楽しかった時代です。でも最近は酔った状態での交流に人気がありません。酔っていては何をするかわかりません。ハラスメントにつながるリスクがあるからでしょう。時代は変わるものです。お酒は人に迷惑をかけずに、自分がただ酔って、気持ちよくなるためだけに飲むのがいいのかもしれませんね。

豆知識 『右大臣実朝』は太宰治（1900〜48）の後期の作品です。実朝の言葉だけはカタカナで書かれている点に特徴があります。「酒ハ酔ウタメノモノ」というのは、無礼講の酒宴について側近が「武芸のあとの酒宴なら耐えられるが」と不満をもらしたのに対して実朝が言ったひと言です。無常感ただようせりふです。

313

［バッカス］

（バッカスとは）古代の人びとが、
酒に酔っぱらう口実として、
便宜上、
作り出した神さま。

ビアス（『悪魔の辞典』）

「バッカス」という定義が面白かったので、とりあげてみました。人は神さまをいろいろな都合でつくっています。とりわけ、お酒が飲みたいので、バッカスをつくってしまったのです。「お酒の神さまがいて、神さまも飲めと言っているよ」といえば、口実ができて、堂々とお酒が飲めます。都合が悪いことがあれば、全部神さまをつくって、口実にしてしまえばいいのです。

たとえば「遅刻の神さま」や「ドタキャンの神さま」がいて、その神さまのおかげで事故にあわないですんだ、と言えばいいでしょう。神さまのつくり方としては非常に面白いと思います。ちなみに私はお酒を愛していましたが、お酒の神さまには愛されていませんでした。お酒を飲むと、次の日、気持ちが悪くなるのです。つくづくお酒の神さまに嫌われたものだな、と思います。

豆知識 『悪魔の辞典』はアメリカの作家、ジャーナリストであるアンブローズ・グウィネット・ビアス（1842〜1913または1914）によって書かれた辞典風の書籍です。皮肉とブラックユーモアにあふれた辛辣な内容で、辞書のパロディとなっています。

［制服］

人はその制服のとおりの人間になる。

ナポレオン（『ナポレオン言行録』）

制服を着るとその職業らしくなるのは、お医者さんを見ているとわかります。テレビにお医者さんが出る時、たいてい白衣を着ています。診察するわけではないのでスーツでもいいのですが、白衣を着た方が医師らしく見えるからです。ユニフォームもそうです。会社や仕事に誇りを持っている人がそのユニフォームを着ると、シャキッとして"デキる人"らしく見えます。「立場が人をつくる」という言い方もあるように、人は内面から育っていくばかりではなく、外側に合わせて成長していくこともあるのです。制服というと、日本では中学や高校の制服を思い浮かべる人も多いでしょう。昔は学校の制服はダサいというイメージがありましたが、今はアイドルグループが制服をアレンジした衣裳を着て、人気を集め、海外でも注目されています。制服をアレンジすればブランドになるという面白い例ですね。

豆知識 ナポレオン・ボナパルト（1769〜1821）はフランス革命のあと、独裁政権を樹立。みずから皇帝の座についてナポレオン1世を名乗りました。ヨーロッパの各国に侵攻して領土を広げましたが、イギリスやロシアとの戦いに敗れ、セントヘレナ島に流されます。『言行録』はナポレオンの語録を記録したもので、彼の人物像がわかります。

［茶の湯］

茶の湯とは
ただ湯をわかし
茶を点てて
のむばかりなることと知るべし。

千利休（『利休百首』）

茶道というとお作法やきまりがあってハードルが高く感じる人がいるかもしれません。しかし千利休は決して難しいものではないと言っています。ただお湯をわかしてお茶を点てていただくという、それだけでいいのです。

私も昔小堀遠州さんという宗家の方に呼ばれて、お点前を拝見したことがあります。その流派の作法を知らないので「どうすればいいですか」とお聞きしたところ「自然に楽しんでいただければいいのです」と言われました。とても安堵したのを覚えています。

利休が完成させた侘び茶というのは、本来そうした自然で飾らない簡素さや質実さを優先させたものでした。確かに豪華絢爛の聚楽第をつくった豊臣秀吉とは、あいいれなかったかもしれませんね。秀吉の「金の茶室」も入ってみたいですね。

豆知識 千利休（1522〜91）は安土桃山時代の茶人。それまでの書院造りの茶室に対して草庵風の簡素な茶室をつくり、精神性を重視しました。『利休百首』は利休の教えを和歌の形式でまとめたもので、初心者にも茶道がわかりやすいようつくられています。

［茶の湯］

茶の湯は、茶、花卉、絵画等を主題に仕組まれた即興劇であった。

岡倉天心（『茶の本』）

普通お茶を飲む会といえば、お互いに仲良くなる親睦という意味がありますが、明治時代の思想家岡倉天心による芸術的な即興劇です。同じ文脈で天心はこうも述べています。

「茶室の調子を破る一点の色もなく、物のリズムをそこなうそよとの音もなく、調和を乱す一指の動きもなく（以下略）」。つまりは茶室で行われているのは、すべての行動を単純に、自然に行う即興劇です。なるほどそう言われてみれば、茶の湯はある程度の型があって、それにのっとって行われていた劇であると考えるとしっくりきます。しかも周囲には掛け軸や花卉、芸術品もあって、空間全体が調和的に整っている。その中でワイルドな戦国武将たちが集まって、上品に茶の湯を楽しんでいる光景は、やはり劇以上のなにものでもありません。誰かと一緒に劇を演じる機会は、茶の湯だけでなく、私たちの生活の中でも起こり得ることではないでしょうか。

豆知識　岡倉天心（1863〜1913）は明治時代に活躍した思想家です。『茶の本』は茶道を欧米に広めるために英語で書かれアメリカで出版されました。茶道を仏教や華道との関係からひもとき日本人の美意識について解説しています。新渡戸稲造の『武士道』と並び明治時代に日本人が英語で書いた著作として有名です。

［鼻］

人間の顔の最前哨地点。(略)
われわれは、他人の事に鼻を突っ込む時ほど、
大きな満足を覚えることはないとは、
昔から誰もが気づいているのだ。

ビアス（『悪魔の辞典』）

鼻は人間の顔の最前哨地点という定義は面白いですね。日本語の「鼻」には先端という意味もあります。「初鼻（しょっぱな）」という言い方もよくしますし、半島の先、岬のことを「鼻」ということもあります。先に立つことを「鼻に立つ」という言い方もします。また「鼻を突っ込む」という言い方もあります。私の家の犬もよく鼻をつっこんでは匂いをかいでいます。

先々のものをかぎ分けるという意味でも、最前哨地点という定義は合致しています。江戸時代、オランダ語で書かれた『解体新書』を訳すのに、杉田玄白と前野良沢は悪戦苦闘します。顔の中央にある「うず高いもの」は何かみんなで議論したあげく、鼻だろうと推察したエピソードは有名です。

(豆知識)『悪魔の辞典』はアメリカの作家、ジャーナリストであるアンブローズ・グウィネット・ビアス（1842〜1913または1914）によって書かれた書籍です。Aから始まる辞書風のつくりになっていて、数々の言葉がパロディ風に定義されています。エスプリが効いたこの本は世界中で発売され、日本でもベストセラーになりました。

［花］

すべての花は自然界に咲く魂だ。

ネルヴァル（「古代の思想」）

この言葉をある本で見かけた時、花の定義の中ではもっとも美しいと思いました。花が自然界に咲く魂であるという言い回しは、さすがに詩人ネルヴァルらしい表現ですね。こんなふうに定義されると、いよいよ花が尊いものにみえてきます。昔、自宅近くの公園でイベントがあって、花屋さんが花をたくさん飾ってくれたことがあります。あたり一面、色とりどりの花が咲き乱れ、まるで極楽に行ったような気分になりました。この世の天国とは花が咲き乱れる場所なのだと思った記憶があります。

そういえば、民俗学者の柳田國男も、花は異世界の露頭だと書いていたことがあります。花は地面から突き出しています。それが異なる世界が露出してきたようだ、と柳田國男は思ったわけです。それも一つの定義です。人にいろいろな定義をさせてしまうとは、花とは不思議な存在ですね。

豆知識 ジェラール・ド・ネルヴァル（1808〜55）はフランスの詩人。20歳の時ゲーテの『ファウスト』をフランス語に翻訳して、ゲーテ自身から高く評価されるなど、才能に恵まれていました。ロマン派の人々と交流し、ロマン主義の詩人として活躍しましたが、精神の疾患に苦しみ、46歳で自ら命を断ったと言われています。『ネルヴァル全集Ⅱ』（筑摩書房）所収。

釣りは、運、勘、根である。
つまり、人生だな。

開高健（『開口閉口』）

釣りを人生と定義すると、ゴルフも人生になりますし、将棋も人生になります。みなさんも「〇〇は人生である」という定義を考えてみると楽しいでしょう。ただし、定義の要件は三つ用意するのがより確実です。釣り好きだった作家の開高健も、釣りの定義に「運、勘、根」の三つの要素をつけています。三つのうちの一つでも欠けると、定義としてあやふやになります。運がよくて、勘がよくてもふやになります。運がよくて、勘がよくても根気がないと釣れませんし、運がよくて根気があっても、勘が悪いとやはり釣れません。ちょうど三脚のように、三つがそろって安定します。

私は子ども時代はよく釣りをやりましたが、最近はやりません。なぜかというと「根」が足りないのです。朝早く起きる根性がない。それくらいなら釣り堀でいいや、と思ってしまいます。待つ力が足りないので、釣りを人生にするのはとうてい無理でしょう。

豆知識 開高健（1930〜89）は日本の小説家。壽屋（現サントリー）の宣伝部でコピーライターとして活躍します。作家として独立後は、朝日新聞の臨時特派員としてベトナム戦争に従軍したり、世界中を釣行したりするなど、行動力を発揮します。この文章は『開口閉口』（新潮文庫）所収。

［好み］

好みは千の嫌悪から成る。

ポール・ヴァレリー

フランスの詩人、ポール・ヴァレリーの言葉です。太宰治もこの言葉を引用して「趣味というのは、むずかしいものでしてね。千の嫌悪から一つの趣味が生れるんです。趣味の無いやつには、だから嫌悪も無いんです」という一文を短編『渡り鳥』の中に書いています。

趣味というのは単純に「これが嫌い」「あれも嫌い」「それも好きじゃない」から始まり、千個の嫌いなものがあってたどり着く「好きなもの」のことだと言っています。絞り込みです。しかもそれは偏愛、一つのものを偏って好きなのです。

たとえば富士山の中でも夕暮れの富士が好きだといって、夕暮れの富士を撮り続けるカメラマンがいるそうです。このように他にはない味わいを見つけ出す喜び、これがほんとうの趣味の喜びであり、他の人にはわからないものということです。

（豆知識）ポール・ヴァレリー（1871〜1945）は南仏の港町セット生まれ。ユゴーに触発されて13歳から詩を書き始めます。その活動は詩や文学の他、芸術、歴史、哲学、数学など多岐にわたり、20世紀のフランスを代表する知性と言われています。

ファッションとは
スタイルに活気を与えるビタミンのようなもの。
適量とれば刺激になるが、
とりすぎれば害になる。

イヴ・サン＝ローラン

ファッションとスタイルは、似たようなものだと思ってしまいますが、違います。スタイルは全体のコーディネート、そして一貫した変形作用があって、その人らしいアレンジが加えられていくものです。一方、ファッションとはその年の流行のようなものです。自分のスタイルにファッションを少しだけ取り入れると、気が利いた感じになりますが、そればかりになると、胡椒を入れすぎた食べ物のようになると、イヴ・サン＝ローランは言うのでしょう。ファッションに関しては雑誌『ヴォーグ』の編集長だったダイアナ・ブリーランドが「経済とその時代の社会的な状態によってつくりだされるリズム」と定義しています。ファッションは、その時代ごとの状況によってつくりだされるものですが、ベースになるのは自分のスタイルだと言っています。ファッションよりスタイルが重要という意味で、二人の意見は一致しています。

豆知識 イヴ・サン＝ローラン（1936〜2008）はアルジェリア出身のフランスのファッションデザイナー。クリスチャン・ディオールの弟子として活躍し、独立後は自身のブランドを立ちあげました。20世紀を代表するファッションデザイナーの一人です。エレガントなそのデザインで日本でも人気を集めました。

322

［いき］

（いきとは）垢抜して（諦）、
張のある（意気地）、
色っぽさ（媚態）。

九鬼周造（『「いき」の構造』）

「あの人は粋だね」とか「この服は粋だね」と普通に言いますが、では、「粋」とは何かと聞かれると、はっきりと答えられません。

哲学者の九鬼周造が、その「粋」について三つのポイントをあげてクリアに定義しています。一つ目は垢抜けしていること。九鬼は（　）をつけて、「諦」という字を書いています。つまりナイーブそのままというのではダメで、少しこなれている感じ。何かしら諦めを知っている方が粋だということです。

二つ目は張りがあること。これは「意気地」と書いていますが、要するに「意地」を持っていること。気持ちに緊張感があって、張りがある感じが必要です。三つ目は色っぽさです。異性の心をくすぐる媚態があると、「いき」な感じがします。この三つのポイントで定義しているところが磐石です。これぞ、定義の鏡と言いたくなるようなクリアな言い方です。

豆知識　九鬼周造（1888〜1941）は哲学者、京都帝国大学教授。父は高級官僚で男爵でしたが、母が九鬼を妊娠中に思想家岡倉天心と駆け落ち、複雑な生い立ちを送ります。東京帝国大学卒業後ヨーロッパに8年留学。実存哲学を学んで帰国します。日本独自の美意識や文化を分析した『「いき」の構造』（岩波文庫）で知られます。

323

ユーモアは、世界に対抗するもう一つの武器。

メル・ブルックス

確かにユーモアは世界を明るくしてくれます。第二次世界大戦時のナチスによるユダヤ人迫害を題材にした、『ライフ・イズ・ビューティフル』というイタリア映画があります。ユダヤ人である父親は、息子と共に強制収容所に収容されます。しかし死と隣り合わせの状況でも、ユーモアでもって息子を笑わせ続け、子どもだけでも助かるよう作戦を遂行します。また相撲に「往なし」という言葉があります。往なすというのは、ふっと力を抜くことで、こうすると相手がつんのめってしまいます。相手の圧力が強い時に、ちょっとかわす技です。ユーモアはこの往なしのようなものです。ダニエウ・アウベスというブラジルのサッカー選手は、観客から人種差別的な意味でバナナを投げ込まれた時、そのバナナの皮を剥いて食べてしまいました。相手が嫌味を言ったり悪意を示しても、力まずに切り返す。その術がユーモアという武器なのです。

（豆知識）メル・ブルックス（1926〜）はユダヤ系アメリカ人で「コメディ映画の重鎮」と言われます。ヒトラーの物まねが得意で、映画やコメディ番組、ミュージック・ビデオなどで演じています。ベースは強い風刺精神で「世界中でヒトラーを笑い飛ばすことは、私の生涯の仕事の一つになっている」と語っています。

［苦労人］

苦労人というのは、ややこしい苦境を
優雅に切り抜ける人のことである。

モーム

「あの人は苦労人だね」と言う時、意味は二つあります。一つは単純に苦労してきた人という意味。もう一つは苦労したからこそ、今はいろいろなことをうまくやれる、という意味です。辛い経験をしたあげく、人にも同じ思いをさせてやろう、などと人に苦難を押しつける意地悪な人はあまり苦労人と言いません。人格がこなれていない狭量な人だ、ということになります。だいたいトップの方に行く人は、苦労をしていても全く苦労していないように見せかけます。そして困難に接してスマートに切り抜けていきます。そんな様子を見て、「あの人、苦労知らずだね」と言うのは見方が浅薄です。苦労している人ほど、苦労が見えないのが特徴です。この定義を考えたイギリスの作家モーム自身が小さいころ両親をなくして孤児になり、さらに吃音というハンディを抱えて苦労した人です。苦労人が考えた定義だけに説得力がありますね。

(豆知識) ウィリアム・サマセット・モーム（1874〜1965）はイギリスの小説家、劇作家。イギリスの名家に生まれますが、幼くして両親をなくし叔父に引き取られます。医師になりますが、文学に傾倒し小説や戯曲を書き続けます。わかりやすい文体が特徴で主な著作に『人間の絆』『月と六ペンス』『雨』等があります。

［ヒーロー］

ヒーローが普通の人間より
勇敢なわけではない。
周りよりも五分だけ長く
勇敢でいられるだけなのだ。

ロナルド・レーガン

〝ヒーローとは、勇敢であることをあきらめないで続けられる人のことだ〟とは、俳優であり、アメリカ大統領だったロナルド・レーガンの言葉です。粘りが大切、ということでしょう。普通の人よりもがんばって、最後の最後で力を振り絞れるのです。二〇二二年の全豪オープンテニスでは、ナダルが五セットマッチ、五時間二四分の試合をやりました。歴史に残る過酷な試合でした。ナダルは最初の二セットを落としたにもかかわらず、あきらめずに粘り強く戦った姿はまさにヒーローでした。ウルトラマンもカラータイマーというものがあり、三分間しか地上にいられません。最後はやはり苦しくなります。ピポピポと赤いライトが点滅し始めたそこからがウルトラマンの真骨頂で、時間ギリギリの苦しい中で、あきらめずに戦うのです。へろへろな状態でも、もうちょっと、もうちょっとがんばれるのがヒーローなのです。

豆知識 ロナルド・ウィルソン・レーガン（1911〜2004）はアメリカのイリノイ州生まれ。映画俳優から政治家に転じ、カリフォルニア州知事を経て、第40代アメリカ合衆国大統領に就任しています。就任早々、暗殺未遂事件に遇い、また2期目は73歳と高齢だったものの、2期8年の任期を終えています。

［ふるさと］

ふるさとは遠きにありて思うもの
そして悲しくうたうもの

室生犀星（「小景異情」）

作家室生犀星のこの言葉は有名ですね。その地に長くいる人は、ことさら自分が住むところを「ふるさと」とは言いません。私の父や母もずっと静岡市にいて、亡くなりましたが、静岡を「ふるさと」と強く認識する自覚はなかったと思います。しかし私のように一八歳で東京に出てくると、自分のふるさとは静岡だという気がします。ですからふるさとは遠くにいて思うものであり、幸せだったふるさとの時代を思い出して、感傷にふけるものではないでしょうか。

中国の詩人李白に「牀前月光を看る 疑うらくは是地上の霜かと 頭を挙げて山月を望み 頭を低れて故郷を思う」という漢詩があります。自分の寝床には霜のように月光の光が当たっている。頭をあげて山や月を見て、故郷は今どうなっているのだろうと思う、という詩です。これも遠くにある故郷を切なく思い出している詩です。

（豆知識）室生犀星（1889〜1962）は詩人、小説家です。婚外子として生まれ、寺の養子となります。裁判所の給仕や地方紙記者をしながら詩を書き、北原白秋に認められます。叙情的な詩をつくる一方、小説も発表します。『小景異情』の詩は萩原朔太郎を感動させ、以後二人は固い親交を結びます。

327

［アマチュア］

趣味を技量と思い誤り、
自分の野心を自分の能力と混同している
世間の厄介者。

ビアス（『悪魔の辞典』）

プロを見て、「自分にはとてもかなわない」と思えるのは、ものがわかった人です。古今亭志ん生も師匠から「自分と同じくらいだと思ったら、相手はお前よりよっぽどうまいんだよ」と言われたそうです。人は自分のことを実力以上に評価しがちです。そういう人はもう一ランク上の世界を見てみるといいでしょう。「うわっ、こんなレベルでやっているのだ」と腰を抜かすに違いありません。

素人の人にありがちなのは、野心と能力を混同していることです。当たり前ですが、野心があるからといって、能力がセットになっているわけではありません。『寝床』という落語も、義太夫好きの大家さんをみんなが敬遠する話です。聞けたものではない義太夫を無理やり聞かせようとするので、奉公人も店子たちもみな迷惑しています。〝下手の横好き〟が迷惑な存在になるのは古今東西共通しているものなのです。

豆知識 アンブローズ・グウィネット・ビアス（1842〜1913または14）はアメリカの作家、ジャーナリスト。新聞記者として数々の不正や陰謀をあばきました。小説や短編、詩集なども発表。毒舌と皮肉にあふれた『悪魔の辞典』はベストセラーになりました。革命で混乱状態にあるメキシコに入国した後消息を断ちました。

［職業］

職業というものは要するに
人のためにするものだということ（略）。
人のためにする結果が己のためになるのだから、
元はどうしても他人本位である。

夏目漱石（『道楽と職業』）

夏目漱石の『道楽と職業』という講演をまとめた本の中で、職業を人のためにすることであり、他人本位であると定義しています。

一方、自分のためにするのは道楽である、とも言っています。たとえばお寺で坐禅の修行をしている人は、偉い感じがします。でも漱石に言わせると、完全な道楽です。一日中座って真理を会得したと本人は思っても、いったい誰の役に立っているのか、というのです。

また好きなことを仕事にするとつまらなくなってしまいます。旅好きな人が旅行の添乗員になると、人のために旅をするので、自分が楽しくてする道楽とは違ってしまいます。

しかし世の中には道楽的な仕事があって、それが芸術家だというのです。私は一部の研究者もそうではないかと思います。一番いいのは道楽的な気分で仕事ができること。それぐらい向いていることを仕事にできれば幸せですね。

(豆知識) 夏目漱石（1867〜1916）は明治時代の作家。文豪です。小説以外にも書簡集や講演集、評論など多数の著作があります。『道楽と職業』は大阪朝日新聞社の依頼で明石で行った講演をまとめたものです。漱石にとって文学は道楽的な本職だと述べているので、その意味で漱石は幸せな職業を選んだといえます。

［プロ］

基本的にプロというのは、
ミスをしてはいけないんですよ。

王貞治

人間であれば、誰でもミスはします。「つまづいたっていいじゃないかにんげんだもの」と相田みつをも言っています。でも野球界のレジェンド王貞治さんは「プロとはミスをしない人である」と言い切っているのです。

「プロは自分のことを、人間だなんて思っちゃいけないんです」と王さんは厳しく言います。人間はミスをしますが、プロは人間ではない。だからミスをしてはいけない、というのはすごい言い方ですね。それくらいの覚悟を持てということなのでしょう。

王さんは指導でも厳しかったそうです。打てる球が来たら、一発でしとめなさいと指導していました。要するにいい球が来たら、必ずホームランにする。打ち損じてファールにしたら、それはミスなのです。ホークスの監督時代、選手たちに言っていたそうです。かっこいい言葉ですね。

（豆知識）王貞治（1940〜）は元プロ野球選手、監督。1本足打法でホームランを量産。読売ジャイアンツ時代には、長嶋茂雄と並んで「ON砲」と呼ばれ人気でした。本塁打王、三冠王にも輝き、ホームラン数通算868本は世界最多。1977年初の国民栄誉賞を授与されました。『1日1話、読めば心が熱くなる　365人の仕事の教科書』（致知出版社）所収。

［サッカー］

サッカーは
無宗教家（応援しない人、信じない人）がいない
唯一の宗教だ。

メッシ

日本は野球ファンが多いので、サッカーには興味がない人もけっこういると思います。でも世界では、サッカーは大変な盛り上がりを見せています。「すべての大陸を最も魅了するスポーツ」であることは間違いありません。その理由として、アルゼンチン代表のメッシが言っているのは、いつも強いチームが勝つわけではないということ。サッカーは一点を取るのがとても難しいのです。ですから弱いチームでも、守りに徹してゴールを固めると、相手に点が入らず勝てる可能性があります。

さらに、九〇分の試合時間が経過してアディショナルタイムに入ってから点が入り、勝負が決まることもあります。「引き分けかな」と思っても、試合終了のホイッスルが鳴る直前、一点が入って、観客が総立ちになる。一点の重みはそれくらい大きいのです。だからサッカーには誰もが夢中になってしまいます。

（豆知識）リオネル・アンドレス・メッシ・クッシッティーニ（1987〜）はアルゼンチン・ロサリオ出身のサッカー選手です。長年、スペインのFCバルセロナでプレーしていましたが、2021年にパリ・サンジェルマンFC、2023年7月からインテル・マイアミに移籍しています。ポジションはフォワードです。

［バッター］

自分が打てるボールを選択して振る。
シンプルですけど、なかなかできないことを
一年間継続するのがバッターなので。

大谷翔平

私はメジャーリーガーの大谷翔平選手のできるかぎり全打席を見ていますが、彼が言うように「基本的には枠の中に入ってきたボールを振る」のは、確かに難しいことなのだと思います。ボールが自分のところに到達する直前に、バットを振るか振らないか決めなくてはいけません。これが大変難しいのです。

「自分が打てるボールを選択して振る」というシンプルなことを一年間継続するのがバッターという言い方が、面白いと思います。

イチロー選手も「バッティングより難しいことってあるだろうか」という趣旨のことを言っていました。これは実際にバッティングセンターに行ってみるとよくわかります。球速が一二〇キロを超えてくると打てなくなるし、カーブがかかって来たりすると、もうお手上げです。シロウトながら「そうか、ボールを見極めるのは確かに難しいのだな」と実感できます。

豆知識 大谷翔平（1994〜）は岩手県奥州市出身のプロ野球選手。花巻東高校時代から球速160キロを記録するなどの大物ぶりでした。プロ入団後、日本ハムファイターズでは投手とバッターを兼ねる二刀流として活躍。2018年からは、アメリカのメジャーリーグに移り二刀流として活躍しています。2021年10月「NHKスペシャル」インタビューでの言葉。

［将棋］

（将棋とは）指すごとに
新しい発見を与えてくれるもの
なのかなと思います。

藤井聡太

将棋の指し方は出尽くした、と思われていましたが、そこにAIが登場し、いよいよ分析が高速化しました。ですから誰もが、新しい手はもう出ないだろうと思っていたのですが、「まだあるんだ」と不思議に思うほど、藤井聡太さんの打つ手は斬新です。「えっ、こんなことが⁉」と驚かされることもしばしばです。先日のある対局でも「歩」の使い方に皆が戸惑いました。相手の渡辺明さんもすごい長考に入っていました。棋士の羽生善治さんが昔CMで「八一枡四〇枚の中に無限の宇宙がある」と言っていたのですが、才能あるトップ棋士ほど、盤上に無限の可能性を感じているのかもしれません。彼らはそこから無限に喜びを感じ、新しい発見をし続けることができます。そう考えると、つまらないと思う時は、自分の才能が停滞しているのかもしれません。そんな時は、新しい発見をするよう自分を仕向けるといいのかなと思います。

豆知識 藤井聡太（2002〜）は愛知県瀬戸市に生まれたプロの将棋棋士で、杉本昌隆八段の門下生です。2016年に史上最年少でプロ入りを果たすと、そのまま無敗で29連勝という公式戦最多連勝記録を樹立しました。竜王、王位、棋王、叡王、王将、棋聖、名人、王座の八冠を達成した初めての棋士です。2021年11月、四冠達成の時のインタビューでの言葉。

[アイデア]

アイデアとは、既存の要素の新しい組み合わせ以外の何ものでもないのです。

J・W・ヤング（『アイデアのつくり方』）

アメリカの実業家ジェームス・W・ヤングが書いた『アイデアのつくり方』は、アイデア発想のバイブルとも言われます。彼はアイデアには二つの原理があると言っています。

一つは標題の言葉。もう一つは関連性を見つけ出そうとする心の働きに依存する。つまり材料を集め組み合わせを考えようとする中で、フワッと関連性が見えてくるというのです。

たとえばカラオケはもともとあったのですが、スナックで知らないおじさんの歌をさんざん聴かされたり、その人たちの前で歌ったりする不自由さ。それが、カラオケとボックスを組み合わせたカラオケボックスの登場で払拭されました。

歌のタイトルにしても、『勝手にしやがれ』と『渚のシンドバット』を組み合わせ、『勝手にシンドバット』というタイトルでサザンオールスターズが歌って大ヒットしました。組み合わせを考えることから、ヒットする新しいアイデアが生まれます。

(豆知識) ジェームス・W・ヤング（1886〜1973）はアメリカ生まれの実業家。10代から数々の仕事をし、26歳で広告業界に転身。斬新なアイデアで活躍し42歳で引退。『アイデアのつくり方』（cccメディアハウス）は体系的なアイデア発想の方法が的確に語られています。

［企業の目的］

企業の目的は、顧客を創造することである。

ドラッカー（『マネジメント』）

世界的に著名な経営学者ドラッカーは、企業の目的の定義は「顧客を創造すること」だと言い切っています。たとえばインターネットが発達し、動画配信サイトのYouTubeが生まれました。それに広告がついてお金が儲かるシステムが登場しました。これまではYouTubeを見る人はいませんでした。なぜならYouTubeがなかったからです。YouTubeが出てきて顧客を創造したのです。コンビニエンスストアもそうです。コンビニという小売りの形態が登場し、ライフスタイルとして利用するお客さんが現れ、コンビニの企業が大きくなったのです。

ドラッカーは〝あなたにとって顧客とは誰か〟を問うことがとても大事だと主張しています。これまでにない客層を顧客に取り込もうと創造力を拡げていく。「自分とってのお客さんは誰なのか」という考え方が、ドラッカーのマネジメントの基本です。

（豆知識）ピーター・ファーディナンド・ドラッカー（1909〜2005）はアメリカの経営学者。オーストリアの裕福な家庭に生まれ、ナチスを逃れてアメリカに移住しました。「マネジメント」という概念を体系化し、「マネジメントの父」と言われています。

［ルーティン化］

ルーティン化とは、
熟練していなくて判断力のない人でも
天才を必要とする仕事を
処理できるようにすることである。

ドラッカー（『経営者の条件』）

ルーティン化とはかみくだけばマニュアル化、あるいはレシピと言ってもいいでしょう。

たとえばパンの具をカレーにしたカレーパンは天才的な発想だと思いますが、それがルーティン化されれば、誰でもカレーパンが作れます。ルーティンを日本語で言うと「型」になります。書道で言えば「はね」や「はらい」といった型です。書道の達人の形を、型として練習することで、達人に近づけます。

このルーティン化をうまく教えられる人がいいコーチです。クリエイティブな仕事でも、ルーティンで成り立っている部分があります。

ギターには黄金のコード進行というものがあり、それにのっとって作曲するとすごくいい感じの曲が作れます。たとえばAKB48の『恋するフォーチュンクッキー』という曲は、三〇〇年愛されてきた有名なカノン進行を使っているそうです。

（豆知識）ピーター・ファーディナンド・ドラッカー（1909〜2005）はオーストリア生まれ。アメリカの経営学者。アメリカの大企業の研究を通して「成果をあげるマネジメントこそが全体主義に代わるもの」という結論に達します。

［ドラえもん］

ドラえもんは哀しいかな現実にはいないが、
実際には、様々な人が助けてくれたり、
そういう状況があったりする。
だから、ある意味、ドラえもんはどこにでもいる。
そういっていいと思う。

藤子・F・不二雄

ドラえもんを身体的に定義すると、身長は一二九・三cm、体重は一二九・三kg、パワーは一二九・三馬力。胸囲も頭の周りも一二九・三cm。ネズミを見た時に飛び上がる高さは一二九・三cm。ネズミを見た時に逃げる速さは、なんと時速一二九・三kmだそうです。

この一二九・三の由来は、一九六九年に小学館の学年誌に初登場した当時の、小学校四年生の平均身長です。子どもたちと同じ目線で世の中を見るということでしょう。

標題のこの言葉は、助けてくれる人はどこにでもいるよと教えています。私たちはピンチに遭遇した時、思わず「ドラえも～ん」と言いたくなります。そういう時は親や仲間、職場の同僚や上司が手をさしのべてくれるでしょう。社会福祉士のように、困った人を救済する仕事の人もいます。世の中には〝ドラえもん〟はたくさんいます。助けの手を求めるのを、ためらうことはありません。

豆知識 藤子・F・不二雄（藤本弘、1933～96）は富山県高岡市出身の漫画家。隣の氷見市に住む安孫子素雄と組んで17歳で漫画家デビューしました。1988年にコンビを解消。『オバケのQ太郎』『パーマン』などヒット漫画作品が多数あります。この言葉は朝日新聞の週末別冊版be（2011年9月3日）の記事によるものです。ちなみに9月3日は、ドラえもんの誕生日です。

索引

JASRAC

出23110903 3-01

齋藤 孝
さいとう・たかし

1960年静岡県生まれ。東京大学法学部卒業。同大学院教育学研究科博士課程を経て、現在明治大学文学部教授。専攻は教育学、身体論、コミュニケーション技法。『声に出して読みたい日本語』(草思社)はシリーズ260万部のベストセラー。著書に『質問力』『段取り力』『コメント力』『齋藤孝の速読塾』(ちくま文庫)、『恥をかかないスピーチ力』『思考を鍛えるメモ力』『超速読力』(ちくま新書)、『こども「学問のすすめ」』(筑摩書房)、『語彙力こそが教養である』(角川新書)、『読書する人だけがたどり着ける場所』(SB新書)、『「深みのある人」がやっていること』(朝日新書)等多数。

定義
てい ぎ

2023年12月20日　初版第1刷発行

著者
齋藤 孝

編集協力
辻 由美子

ブックデザイン
鈴木成一デザイン室

発行者
喜入冬子

発行所
株式会社筑摩書房
東京都台東区蔵前2-5-3 郵便番号111-8755
電話番号03-5687-2601(代表)

印刷
株式会社精興社

製本
牧製本印刷株式会社

●齋藤孝の本●

〈ちくま新書〉

「できる人」はどこがちがうのか　齋藤孝

「できる人」は上達の秘訣を持っている。それはどうすれば身につけられるか。さまざまな領域の達人たちの〈技〉を探り、二一世紀を生き抜く〈三つの力〉を提案する。

〈ちくま新書〉

現代語訳 学問のすすめ　福澤諭吉　齋藤孝=訳

諭吉がすすめる「学問」とは？ 世のために動くことで自分自身も充実する生き方を示し、激動の明治時代を導いた大ベストセラーから、今すべきことが見えてくる。

〈ちくま新書〉

現代語訳 論語　齋藤孝=訳

学び続けることの中に人生がある。──二千五百年間、読み継がれ、多くの人々の「精神の基準」となった古典中の古典を、生き生きとした訳で現代日本人に届ける。

〈ちくま新書〉

論語力　齋藤孝

学びを通した人生の作り上げ方、社会の中での自分の在り方、本当の合理性、柔軟な対処力──。『論語』の中には、人生に必要なものがすべてある。決定的入門書。

〈ちくま新書〉

現代語訳 福翁自伝

福澤諭吉

齋藤孝=編訳

近代日本最大の啓蒙思想家福沢諭吉の自伝を再編集＆現代語訳。痛快で無類に面白いだけではない。読めば必ず、最高の人生を送るためのヒントが見つかります。

〈ちくま新書〉

恥をかかないスピーチ力

齋藤孝

自己紹介や、結婚式、送別会など人前で話す機会は意外と多い。そんな時のためのスピーチやコメントのコツと心構えを教えます。これさえ読んでいれば安心できる。

〈ちくま新書〉

思考を鍛えるメモ力

齋藤孝

メモの習慣さえつければ、仕事の効率が上がるだけでなく思考が鍛えられる。基本のメモ力から、攻めのメモ力の技術、さらに大谷翔平等から学ぶ「鬼のメモ力」とは。

〈ちくま新書〉

超速読力

齋藤孝

「超速読力」とは、本や書類を見た瞬間に内容を理解し、コメントを言えるという新しい力。本質をつかむためには必須の能力なのだ。日本人なら誰でも鍛えられる。

● 齋藤孝の本 ●

〈ちくま新書〉

頭がよくなる！　要約力

齋藤孝

これからの社会を生きていく上で、絶対必要な力は「要約力」だ。的確に相手の話を理解し、自分の話が伝われば、物事はスムーズに進み、人の心をひきつけられる。

〈ちくまプリマー新書〉

話し上手　聞き上手

齋藤孝

人間関係を上手に構築するためには、コミュニケーションの技術が欠かせない。要約、朗読、プレゼンテーションなどの課題を通じて、会話に必要な能力を鍛えよう。

〈ちくまプリマー新書〉

読み上手　書き上手

齋藤孝

入試や就職はもちろん、人生の様々な局面で読み書きの能力は重視される。本の読み方、問いの立て方、国語の入試問題などを例に、その能力を鍛えるコツを伝授する。

〈ちくまプリマー新書〉

新聞力
できる人はこう読んでいる

齋藤孝

記事を切り取り、書きこみ、まとめる。身体ごとで読めば社会を生き抜く力、新聞力がついてくる。効果的なメソッドを通して、グローバル時代の教養を身につけよう。

●齋藤孝の本●

〈ちくまプリマー新書〉

13歳からの「学問のすすめ」

福澤諭吉
齋藤孝訳／解説

近代国家とはどのようなもので、国民はどうあるべきか。今なお我々に強く語りかける、150年近く前に書かれたベストセラーの言葉をよりわかりやすく伝える。

脱力系！ 前向き思考法

齋藤孝

テキトーだけど、なぜか結果はうまくいく！ ハイテンションで前向きもいいのだが、それは疲れるし、続かない。さっぱり、すっきり楽になる「こころの整理術」。

こども「徒然草」

齋藤孝

勉強の仕方、友達の作り方、人生についてなど、大切なことがユーモアを交えて書かれている『徒然草』。子どもにこそ伝えたい解説する力。「こども」シリーズ第3弾。

こども「シェイクスピア」

齋藤孝

人生は舞台、人はみな役者――シェイクスピアが描いた人生の真実、人間の本質を、有名なせりふを厳選して、齋藤先生が解説。本当の教養は、こんなにおもしろい。

●齋藤孝の本●

こども「学問のすすめ」
齋藤孝

「どうして、勉強する必要があるの?」「見た目を明るくしておこう」――『学問のすすめ』の精神に子どもの頃から接することで、生きる柱になるはずだ。絵・寄藤文平

おとな「学問のすすめ」
齋藤孝

「独立自尊の道を歩め!」「学問で人生を切り開け!」――一冊読めば『学問のすすめ』の精神がきっちり頭に入る。こんな時代だからこそ読みたい、明るく前向きな本。

勉強する意味がわかる!
こども学問のすすめ
齋藤孝

「どうして勉強するの?」――子どもたちの疑問に答える形で、福澤諭吉の『学問のすすめ』のエッセンスを齋藤孝が抜き出す。小学校低学年から楽しく読める。

自分で考えて行動しよう!
こども論語とそろばん
齋藤孝

「正しくお金をもうけて、みんなのために使おう!」渋沢栄一の名著『論語と算盤』のエッセンスを小学校低学年からわかるように、齋藤孝が30の項目を選んで解説。

運の教科書
「うまくいく人」はこう考える

齋藤孝

「運がいい、運が悪い」という言い方はよくするが、一体「運」とは何だろうか？その正体を知って考え方と行動を変えることで、運はコントロールできる！

やる気も成績も必ず上がる家庭勉強法
〈ちくま文庫〉

齋藤孝

勉強ができる・できないは才能の差ではなく、家庭の差で決まる。子どものやる気スイッチを入れて、学ぶ習慣づけをするコツは何か。誰もが聞きたいQ&Aもあり。

質問力
話し上手はここがちがう
〈ちくま文庫〉

齋藤孝

コミュニケーション上達の秘訣は質問力にあり！これさえ磨けば、初対面の人からも深い話が引き出せる。話題の本の、待望の文庫化。
解説　斎藤兆史

段取り力
「うまくいく人」はここがちがう
〈ちくま文庫〉

齋藤孝

仕事でも勉強でも、うまくいかない時は「段取りが悪かったのではないか」と思えば道が開かれる。段取り名人となるコツを伝授する！
解説　池上彰

● 齋藤孝の本 ●

〈ちくま文庫〉
コメント力
「できる人」はここがちがう

齋藤孝

オリジナリティのあるコメントを言えるかどうかで「おもしろい人」「できる人」という評価が決まる。優れたコメントに学べ！

〈ちくま文庫〉
齋藤孝の速読塾
これで頭がグングンよくなる！

齋藤孝

二割読書法、キーワード探し、呼吸法から本の選び方まで著者が実践する「脳が活性化し理解力が高まる」夢の読書法を大公開！

解説　水道橋博士

〈ちくま文庫〉
仕事力
2週間で「できる人」になる

齋藤孝

「仕事力」をつけて自由になろう！　課題を小さく明確なことに落とし込み、2週間で集中して取り組めば、必ずできる人になる。

解説　海老原嗣生

〈ちくま文庫〉
前向き力
脱力すれば、うまくいく

齋藤孝

「がんばっているのに、うまくいかない」あなた。ちょっと力を抜いて、くよくよ、ごちゃごちゃから抜け出すとすっきりうまくいきます。

解説　名越康文

● 齋藤孝の本 ●

〈ちくま文庫〉

ほめる力

「楽しく生きる人」はここがちがう

齋藤孝

人をほめると、自分の人生が楽しくなる！自己肯定力をあげるためのコミュニケーション・テクニック。解説　水野敬也

〈ちくま文庫〉

「日本人」力　九つの型

齋藤孝

個性重視と集団主義の融合は難問のままである。著名な九人の生き方をたどり、「少年力」や「座禅力」などの「力」の提言を通して解決への道を示す。

〈ちくま文庫〉

現代語訳 文明論之概略

福澤諭吉

齋藤孝訳

「文明」の本質と時代の課題を、鋭い知性で捉え、巧みな文体で説く。福澤諭吉の最高傑作にして近代日本を代表する重要著作が現代語でよみがえる。

〈ちくま文庫〉

論語

齋藤孝訳

「学ぶ」ことを人生の軸とする。──読み直すほどに新しい東洋の大古典『論語』。読みやすい現代語訳に原文と書き下し文をあわせ収めた新定番。